Vorwort

Die beiden ersten Teile dieses Briefmarkenkatalogs „Alliierter Kontrollrat 1946-1948" beschreiben die Plattenfehler der Ziffernserie und der Arbeiterserie. In diesem Teil sollen nun die beiden Marken der Ausgabe „**50. Todestag von Heinrich von Stephan**" vom 15. Mai 1947 und ihre Besonderheiten wie Plattenfehler/ Feldmerkmale betrachtet werden und zwar im Gegensatz zur 1. Auflage besser gekennzeichnet und für die Arbeit mit dem Katalog besser sortiert und ergänzt. Die Unterteilung in sekundäre und tertiäre Fehler wurde aufgehoben und durch eine einfache Kennzeichnung bei dem jeweiligen Fehler deutlich gemacht. Ergänzt wurde zudem die Rubrik „auf Brief".

Dr. Albrecht Ostermann
Mitglied Bund Deutscher Philatelisten e.V. (BDPh)
Mitglied Verein der Deutschlandsammler e.V. (INFLA Berlin)
Mitglied Arbeitsgemeinschaft Alliierter Kontrollrat 1946-48 e.V.
Mitglied Bundesarbeitsgemeinschaft AM Post e.V.
Mitglied Arbeitsgemeinschaft Bezirksstempelaufdrucke SBZ 1948 e.V.
Mitglied Ass. Internationale des Journalistes Philatéliques

Bibliografische Information der Deutschen Nationalbibliothek

Die Deutsche Nationalbibliothek (DNB) verzeichnet diese Publikation in der Deutschen Nationalbibliografie; detaillierte bibliografische Daten sind im Internet über http://dnb.d-nb.de abrufbar.

ISBN: 9783743149106

© 2017 Dr. Albrecht Ostermann
Herstellung und Verlag: BoD - Books on Demand, Norderstedt

Alle Rechte vorbehalten. Kein Teil dieser Schrift darf ohne Schriftliche Genehmigung des Verfassers in irgendeiner Form – Papier oder elektronisch – verarbeitet, vervielfältigt und verbreitet werden.
Für Irrtümer, Satz- und Druckfehler übernimmt der Verfasser keine Haftung.

Gliederung

1	Einführung	5
2	Anordnung der Marken im Schalterbogen	12
2.1	24 Pf. – Wert	12
2.2	75 Pf. – Wert	18
3	Leitmerkmale für Bogen ohne FN	20
3.1	24 Pf. – Wert	20
3.2	75 Pf. – Wert	26
4	Einzeldarstellung der Merkmale	31
4.1	24 Pf. – Wert	32
4.2	75 Pf. – Wert	87
5	Bezirksstempel – Aufdrucke	171
6	Literatur	172

1. Einführung

Diese Sondermarkenausgabe zum 50. Todestag von Heinrich von Stephan wurde in der Staatsdruckerei Berlin im Offsetverfahren hergestellt (Bild 1). Dies birgt im Gegensatz zum vorher bei der Ziffern – und Arbeiterserie verwandten Buchdruck eine zusätzliche Fehlerquelle, da der Druck über einen Gummituchzylinder auf das Papier erfolgt. Etwaige Fehler im Gummituch führen zu Farbausfällen, deren Position sich im Laufe des Drucks von Bogen zu Bogen leicht verändern kann. Soweit möglich, wird dies im Katalog durch Abbildung der verschiedenen Varianten festgehalten.

Bild 1 (Archiv der Bundesdruckerei)

Der Druckbogen bestand aus 4 Schalterbogen zu 10 x 5 Marken in der Anordnung 2 x 2. D.h., aus jedem Druckbogen ergeben sich zwei Oberbogen mit nicht durchgezähntem und zwei Unterbogen mit durchgezähntem Oberrand. Jeder Schalterbogen ist aus 10 senkrechten Klischees á 5 Marken zusammengesetzt. Die Systematik des Drucks mit einer 4 – fach – Form lässt sich leicht damit belegen, dass bei versetztem Trennen der Markenbogen zum Beispiel am Oberrand des Unterbogen die

Formnummer (FN) des Oberbogen teilweise bis ganz zu sehen ist (Bild 2), also 1 über 3 und 2 über 4 bzw. 1´ über 3´ und 2´ über 4´.

Bild 2: FN 2´ durch Verschnitt teilweise am OR des Bogens mit FN4´

Bei den ersten Auflagen wurden am Unterrand eines Schalterbogens unter Feld 45 und 46 keine Formnummern zur Identifizierung vorgesehen. Bei den späteren Auflagen dann beim 24 Pf. – Wert von FN 1 bis 16, bei dem 75 Pf. - Wert von FN 1-4 bzw. FN 1´ – 4´. Dies wiederum bedeutet, dass für Bogen ohne FN entsprechende Leitmerkmale je Bogentyp definiert werden müssen und eine eigene Nomenklatur festgelegt wird. So werden die Bogen des 24 Pf. - Wertes ohne durchgezähntem Oberrand mit A1 - A6 und die Bogen mit durchgezähntem Oberrand mit B1 – B6 festgelegt. Das bedeutet, es gibt insgesamt 3 Druckaufträge ohne FN beim 24.Pf. – Wert.

Die Schalterbogen wurden in Taschen zu je 50 Bogen verpackt. Bild 2 zeigt eine solche Tasche vom 2. Juni 1947.

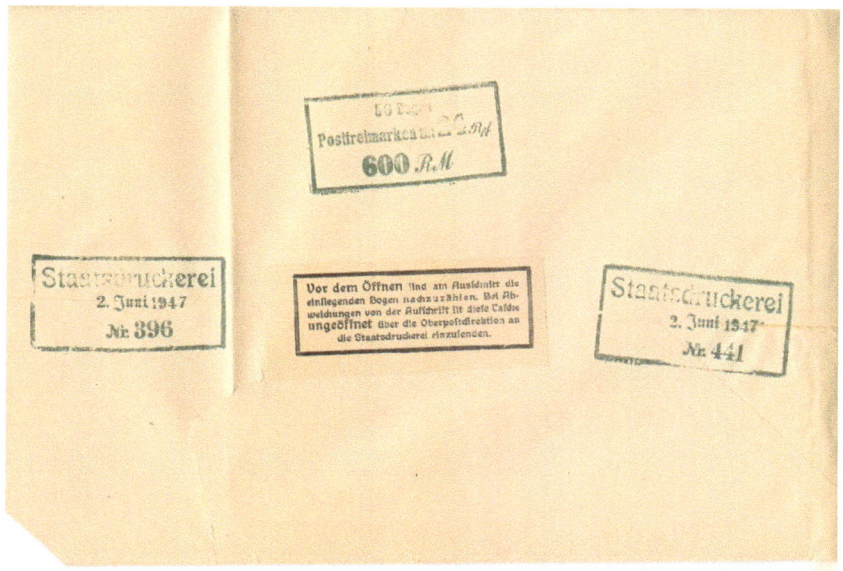

Die Bogen des 75 Pf. – Wertes werden mit C1 – C4 für die nicht am Oberrand durchgezähnten Oberbogen bzw. D1 – D4 für die am Oberrand durchgezähnten Unterbogen festgelegt, also von 2 Druckaufträgen

Die Häufigkeit der noch vorhandenen Markenbogen ist sehr unterschiedlich. Leider fehlen zum jeweiligen Druckauftrag konkretere Hinweise. Es gibt nur Angaben zur Gesamtauflage mit 30 Mio. Marken des 24 Pf – Wertes und 10 Mio. Marken für den 75 Pf. – Wert entsprechend 600 000 bzw. 200 000 Markenbogen bzw. 150 000 und 50 000 Druckbogen. Rein rechnerisch ergeben sich bei dem 24 Pf. – Wert aufgrund der FN 4 verschiedene Druckbogen. Wenn man davon ausgeht, dass eine Offset – Druckplatte ca. 10 – 15- tausend Drucke erlaubt, bevor sie erneuert werden muss, dann bedeutet dies, dass

Druckplatten mit gleicher Formnummer erstellt worden sein müssen.

Recherchen bei der heutigen Bundesdruckerei ergaben, dass wohl einige Verschrottungsaufträge zu dieser Markenausgabe ausgefertigt wurden. Um was es sich dabei im Einzelnen genau handelte, ist nicht mehr nachzuvollziehen. Aus heutiger Sicht muss bei den Druckbogen mit den FN 5 – 12 irgendetwas geschehen sein, da von den entsprechenden Markenbogen keine oder nur einzelne Bogen aufgetaucht sind. Und zwar sind von den zugehörigen Bogen mit FN 5, 9, 10, 12 nur je max 4 vorgelegt worden. Der Oberbogen mit der FN 6 hat existiert, da dem Verfasser zumindest ein Feld 45 mit Unterrand vorliegt, auf dem die 6 eindeutig zu sehen ist. (Bild 3)

Bild 3: Feld 45 mit der Formnummer 6

Anhand der vorliegenden Kenntnisse muss in jedem Fall davon ausgegangen werden, dass für die Bogentypen bzw. deren FN –

Paar entsprechend der Häufigkeit zum Teil erhebliche Preisunterschiede angesetzt werden müssen.

Die Farbenforschung der ARGE Alliierter Kontrollrat e.V. hat bei beiden Werten zwei unterschiedliche Farben a und b festgelegt (Bild4). Hierbei ist zu beachten, dass offensichtlich mit unterschiedlichen Papiersorten gearbeitet worden ist, was daran festzumachen ist, dass es unabhängig von der Farbeinteilung klare und verschwommene Druckbilder gibt.

Bild 4: Farbe a   Farbe b

Hält man die von J. Hohmann in den ARGE – Rundbriefen 1/1994 und 2/1995 vorgenommene Festlegung in A, B, C, D bei den Bogen ohne FN bei, dann kann man festhalten, dass die Bogentypen A1, A6, B1 und B4 bislang ausschließlich bzw. überwiegend in Farbe b vorliegen, was bedeutet, dass diese Bogentypen korrekterweise zu einem Druckbogen gehören würden. Da aber die vorliegende Nomenklatur bereits in früheren Veröffentlichungen benutzt wurde, soll sie auch hier fortgeführt werden. Ebenso findet sich die Farbe b vereinzelt bei

FN 14 und 16. Bei allen anderen Bogentypen der 24 Pf. - Marke liegt bislang nur die Farbe a vor.

Bei den Druckauflagen mit und ohne FN befinden sich am linken und am rechten Rand Passerkreuze in sehr unterschiedlicher Ausführung bis hin zum Nichtvorhandensein. Sie können nur bedingt einem Bogentyp zugeordnet werden:

 Typ B5 li  Typ B5 re

Einwandfreie Ausführung in unterschiedlicher Abmessung bei verschiedenen Bogentypen. Aber auch möglich ist

 Typ A2 re  Typ A2 re

zusätzliche Markierung durch überbreiten Rand mit Passerkreuz – Teil auf F 40

Während bei dem 24 Pf. – Wert die Klischeeanordnung der Bogentypen A und B immer die selbe ist, jedoch anders als bei den Bogen mit FN, so liegt bei dem 75 Pf. – Wert eine Besonderheit vor. Der erste Druckauftrag – C1,C2,D1,D2 - hat eine Klischeeanordnung, die von allen danach folgenden Aufträgen abweicht. Die Klischeeanordnung von C3,C4,D3,D4 ist identisch mit der Anordnung bei den Bogentypen mit FN.

Aufgrund des umfangreichen Bogenmaterials können die Plattenfehler im vorliegenden Fall eingeteilt werden in

- **Primäre,** die bereits bei der Vervielfältigung des Urklischees entstehen und so auf die Druckplatte kommen.
- **Sekundäre,** die bei der Montage der Druckplatte oder bei Störungen im Druckvorgang entstehen, die aber durchaus auf mehreren Bogentypen auftreten können, wenn der Fehler nicht bemerkt wurde.
- **Tertiäre**, die durch Abnutzung der Druckplatte während der Produktion entstehen. Jedoch besteht bei den tertiären Plattenfehlern eine gewisse Schwierigkeit, sie von der sehr großen Zahl von Druckzufälligkeiten zu unterscheiden, die sich auch über mehrere Bogen beim Druck hinziehen können. Es wurden noch weitere über 600 Fehler erfasst, die zunächst einmal als Druckzufälligkeiten nicht hier aufgelistet werden.

2 Anordnung der Marken im Schalterbogen

2.1 24 Pf. - Wert

Wie schon zuvor erwähnt, wurde ein Schalterbogen aus 10 5-er – Klischees zusammengesetzt. Die Anordnung der Auflagen ohne Formnummer unterscheidet sich von denen mit Formnummer. Das Schalterbogenmuster lässt sich anhand der Primärmerkmale (PM) festlegen, da diese Primärmerkmale auf allen Bogentypen auftreten, jedoch teilweise in unterschiedlich starker Ausprägung.

Beim 24 Pf. – Wert gibt es 22 Primärmerkmale und zusätzlich noch ein Merkmal, dass auf allen Marken der 5. Reihe auftritt. Die nachfolgende Tabelle 1 gibt die Feldnummern bei den Bogen ohne Formnummer (o. FN) und mit Formnummer (m. FN) wieder. Da diese Primärmerkmale also häufig auftreten, sind sie preislich einheitlich wie folgt anzusetzen:

Farbe	a	b
**	2,00 €	20,00 €
☉	5,00 €	40,00 €
✉	30,00 €	70,00 €

Die Preise für FN – Paare können anhand der noch vorhandenen Mengen in 2 Gruppen eingeteilt werden:

1. Gruppe: FN1- FN4, FN13 - FN16

   Farbe a ** 60,00 €   ☉ 80,00 €   ✉ 200,00 €

2. Gruppe: FN 5, FN 6, FN 9, FN10 und FN12

   Farbe a ** 1300,00 € ☉ -.-   ✉   -.-

Zur Bewertung des kompletten Bogens kommen dann die Preise für die weiteren Plattenfehler hinzu.

Tabelle 1: Feld - Anordnung der Primärmerkmale (PM):

PM	m. FN	o. FN
1	2	7
2	3	9
3	4	2
4	6	4
5	7	3
6	8	5
7	9	8
8	10	10
9	13	19
10	14	12
11	17	13
12	18	15
13	25	26
14	26	24
15	29	28
16	30	30
17	33	39
18	34	32
19	35	36
20	36	34
21	45	46
22	46	44

Zwei Besonderheiten gibt es zu den Primärmerkmalen des 24 Pf.- Wertes festzustellen: Auf dem Bogen mit der FN15 ist das Primärmerkmal 5 retuschiert:

PM 5 S von Post beschädigt   Post normal

PM 5 bei FN 15: Unterer Auslaufbogen des S von Post retuschiert

Auf den Bogen mit den FN 9 und 10 ist das Primärmerkmal 21 retuschiert.

PM 21 P von Post beschädigt   Post normal

PM 21 P von Post retuschiert

2.2   75 Pf. - Wert

Beim 75 Pf. – Wert gibt es 21 Primärmerkmale und zusätzlich noch ein Merkmal, dass auf allen Marken der 1 Reihe auftritt. Die nachfolgende Tabelle 2 gibt die Feldnummern bei den Bogen ohne Formnummer (o. FN) und mit Formnummer (m. FN) wieder. Da diese Primärmerkmale also häufig auftreten, sind sie preislich einheitlich wie folgt anzusetzen:

Farbe	a	b
**	2,00 €	160,00 €
☉	8,00 €	550,00 €
✉	20,00 €	1000,00 €

Die Recherchen zum 75 Pf. – Wert haben auch hierbei eine unterschiedliche Verfügbarkeit der Bogentypen ergeben. Danach wird vorgeschlagen, auch hier die Preise für die FN – Paare in 2 Gruppen einzuteilen:

Gruppe 1: FN2, FN4, FN1´, FN 2´, FN 3´, FN 4´

Farbe a ** 60,00 €   ☉ 100,00 €   ✉ 300,00 €
Farbe b ** 500,00 €   ☉   - . - €   ✉   - . - €

Gruppe 2: FN1, FN3

Farbe a   ** 150,00 €   ☉ 300,00 €   ✉ 700,00 €

Zur Bewertung des kompletten Bogens sind dann zu den FN – Preisen noch die der Plattenfehler hinzu zu addieren.

Tabelle 2: Feld - Anordnung der Primärmerkmale

PM	C1 – D2	C3 – D4, FN1 – 4'
1	1	1
2	8	2
3	5	4
4	2	5
5	9	6
6	16	13
7	14	17
8	26	23
9	29	26
10	23	28
11	31	31
12	36	33
13	39	36
14	33	38
15	41	41
16	48	42
17	46	43
18	45	44
19	49	46
20	47	49
21	50	50

3 Leitmerkmale für die Bogen ohne FN

Als Sekundärmerkmale werden solche Merkmale / Plattenfehler bezeichnet, die bei einem oder auch bei mehreren Bogentypen durchgängig oder auch bei mehreren teilweise vorhanden sind.
Aus diesen Sekundärmerkmalen können für die Bogentypen ohne FN sog. Leitmerkmale festgelegt werden, anhand derer man den jeweiligen Bogentyp bestimmen kann. Zu jedem Bogentyp sind nachfolgend zwei Merkmale festgehalten:

3.1 24 Pf. – Wert

Bogentyp A 1   Feld 1   Feld 2

C von Deutsche unten gebrochen   Farbpunkt am rechten Abstrich von H von Deutsche

Bogentyp A 2   Feld 27   Feld 27

E in Heinr. gebrochen (Var. I)   E in Heinr. gebrochen (Var. II)

Bogentyp A 3   Feld 35

Mittlerer Oberrandstrich über H von Heinr. gebrochen

Feld 50

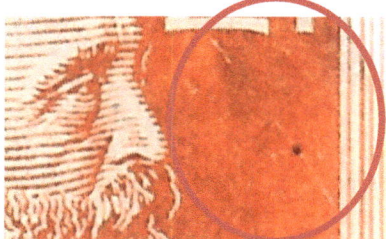

Kratzer von der 2 schräg nach unten zum Rand hin

Bogentyp A 4   Feld 27

Oberer Strich vom E in Heinr. gebrochen (Var. I)

Feld 27

Oberer Strich vom E in Heinr. gebrochen (Var. II)

Bogentyp A 5   Feld 21

Obere Randlinie über Kreuz verdickt

Feld 36

Farbpunkt auf der mittleren Linie

Bogentyp A6 Feld 3

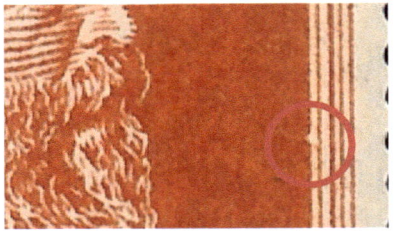

Kerbe am rechten Bildrand

Feld 13

Spieß am Innenbogen von P und unten links am T von Post

Bogentyp B1 Feld 22

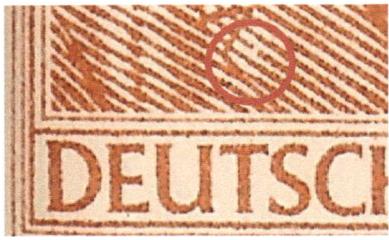

Bruch der 3. Schraffurlinie im Revers

Feld 25

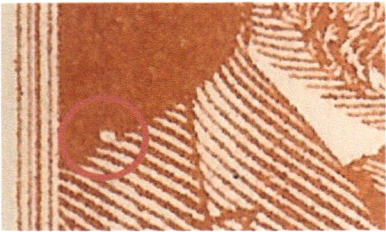

Weißer Fleck über linker Schulter

Bogentyp B2 Feld 1

Bruch der inneren Rahmenlinie Rechts über E

Feld 5

Bruch der mittleren Rahmenlinie unter H

Bogentyp B3   Feld 17   Feld 23

Farbfleck zwischen rechter   Farbpunkt in der 4 von 24
Schulter und innerem Rand

Bogentyp B4   Feld 22   Feld 38

3 Farbpunkte unter H   Farbfleck in 8 von 1897

Bogentyp B5   Feld 13   Feld 18

Gebrochene 2. linke Randlinie   Farbfleck am linken Rand

Bogentyp B6   Feld 14   Feld 18

Farbpunkt am linken Rand   Farbfleck zwischen den
                              beiden äußeren Randlinien

2. Gew. Stufe mit Feld 42 +43, identifiziert anhand des PF auf F 42 /FN1-5,9-16/S

 Ausschnitt mit PF

3.2   75 Pf. – Wert

Bogentyp C1   Feld 3   Feld 6

Weißer Punkt im Haar unter   Kerbe in Schraffurlinie rechts
ST von Stephan   über C von Deutsche

Bogentyp C2   Feld 16   Feld 27

Farbstrich durch O von Post   Farbstrich durch die beiden
und den Rand   äußeren Randlinien

Bogen C3   Feld 3   Feld 44

Gebrochene 2. Randlinie   Gebrochene äußere Randlinie

Bogentyp C4   Feld 1

Beule an dem Bogen der 5

Feld 27

Waagerechter Strich des H fehlt fast vollständig

Bogentyp D1   Feld 11

v durch Farbpunkt zu kopfstehendem A verändert

Feld 21

Farbfleck rechts unten am A

Bogentyp D2   Feld 7

Farbpunkt unter E von Stephan an Randlinie

Feld 32

Gebrochene 7. Schraffurlinie über EU von Deutsche

Bogentyp D3   Feld 31   Feld 32

Gebrochene linke innere Rand- Weißer Punkt am rechten
Linie sowie waagerechter   Bildrand sowie waagerechter
Kratzer   Kratzer

Bogentyp D4   Feld 25   Feld 35

Weißer Punkt in S von   Weißer Punkt oben rechts an
Deutsche   5 von 75

Einschreiben innerhalb Berlin mit D1/ F11/S
sog. „umgekehrte A" durch Punkt im v.

 Ausschnitt mit PF

Einschreiben von Itzehoe nach Hamburg mit D4 / F46a/S
Innere Randlinie rechts neben 1897 gebrochen

Ausschnitt mit PF

4 Einzeldarstellung der Merkmale

Nachfolgend werden nun die Primär (P) - , Sekundär (S)- und Tertiärmerkmale (T) in Bild und Wertigkeit wieder gegeben. Die Sortierung erfolg unabhängig vom Bogentyp mit steigender Feldnummer, da dies für die Benutzung des Katalogs am besten geeignet ist.

Sekundärmerkmale (S) treten entweder auf einem Bogentyp immer auf oder aber auch ganz oder teilweise auf mehreren Bogentypen.

Es sei noch einmal darauf hingewiesen, dass die Unterscheidung zwischen echten Tertiärmerkmalen (T) und Druckzufälligkeiten sehr schwierig ist. So kann es durchaus sein, dass bei einer späteren Betrachtung noch der ein oder andere Fehler sich als Druckzufälligkeit herausstellt oder als Fehler ergänzt werden muss. Zu den hier abgebildeten Merkmalen kommen bei 24 Pf. z. Zt. noch weitere ca. 300, bei 75 Pf. ca. 500 zunächst als Druckzufälligkeiten definierte Fehler hinzu, die noch nicht aufgenommen wurden. Diese Unsicherheit gilt besonders für die Bogentypen FN5, 9, 10 und 12 bei dem 24 Pf.-Wert sowie FN1 und 3 und C3-D4 bei dem 75 Pf.- Wert, für die aufgrund der bisher vorliegenden geringen Zahl an Bogen auch die jeweiligen Preise deutlich höher liegen.

Die Sekundär- bzw. Tertiär - Merkmale, die gleichzeitig auch die Leitmerkmale der Bogen ohne FN sind, haben zusätzlich den Vermerk L.

Damit gilt für eine genaue Benennung eines solchen Fehlers:

 Bo-Typ/Feld-Nr./Merkmal-Typ   z.B. A1/F1/S,L

4.1 24 Pf. – Wert

	Feld 1 S, L C in Deutsche unten gebrochen A 1 Farbe ** ⊙ ✉ a 2,00 4,00 10,00 b 100,00 160,00 300,00
	Feld 1 S Bruch der mittleren Randlinie links über v. von Heinr. v. Stephan A 3 Farbe ** ⊙ ✉ a 2,00 4,00 10,00
	Feld 1 S Bruch der äußeren linken Randlinie in Höhe Hemdkragen A 5 Farbe ** ⊙ ✉ a 2,00 4,00 10,00
	Feld 1 S, L Gebrochene innere Linie über EU von Deutsche B 2 Farbe ** ⊙ ✉ a 2,00 4,00 10,00
	Feld 1 S Weißer Punkt über Schulter FN 12 Farbe ** ⊙ ✉ a 10,00 50,00 200,00

	Feld 1　　　　　　　　　　　　　　　T Kerbe unten im 1.E von Deutsche FN 13 Farbe　　**　　　⊙　　　✉ a　　　2,00　　4,00　　10,00
	Feld 2　　　　　　　　　　　　　　　P Bruch der mittleren Randlinie neben der Schulter A 1 – B 6 Farbe　　**　　　⊙　　　✉ a　　　2,00　　4,00　　10,00 b　　　20,00　　40,00　　80,00
	Feld 2　　　　　　　　　　　　　　　S,L Farbpunkt rechts an H von Deutsche A 1 Farbe　　**　　　⊙　　　✉ a　　　2,00　　4,00　　10,00 b　　　20,00　　40,00　　80,00
	Feld 2　　　　　　　　　　　　　　　T Farbfleck links zwischen zwei Randlinien A 3 Farbe　　**　　　⊙　　　✉ a　　　2,00　　4,00　　10,00
	Feld 2　　　　　　　　　　　　　　　P Bruch der 2. Außenlinie in Höhe des Schnauzbartes FN 1 - 16 Farbe　　**　　　⊙　　　✉ a　　　2,00　　4,00　　10,00

	Feld 2 Zusätzlich Kerbe unten rechts im O von Post	P
	Feld 2 Farbfleck am rechten Rand FN 5 Farbe ** ⊙ ✉ a 2,00 4,00 10,00	S
	Feld 3 Unterer Auslauf des S von Post beschädigt A 1 – B 6 Farbe ** ⊙ ✉ a 2,00 4,00 10,00 b 20,00 40,00 80,00	P
	Feld 3a Bruch der äußeren Randlinie über AN von Stephan A 4 Farbe ** ⊙ ✉ a 2,00 4,00 10,00	S
	Feld 3 Kerbe in Markenbild in Höhe des Mundes A 6 Farbe ** ⊙ ✉ a 2,00 4,00 10,00 b 20,00 40,00 80,00	S, L

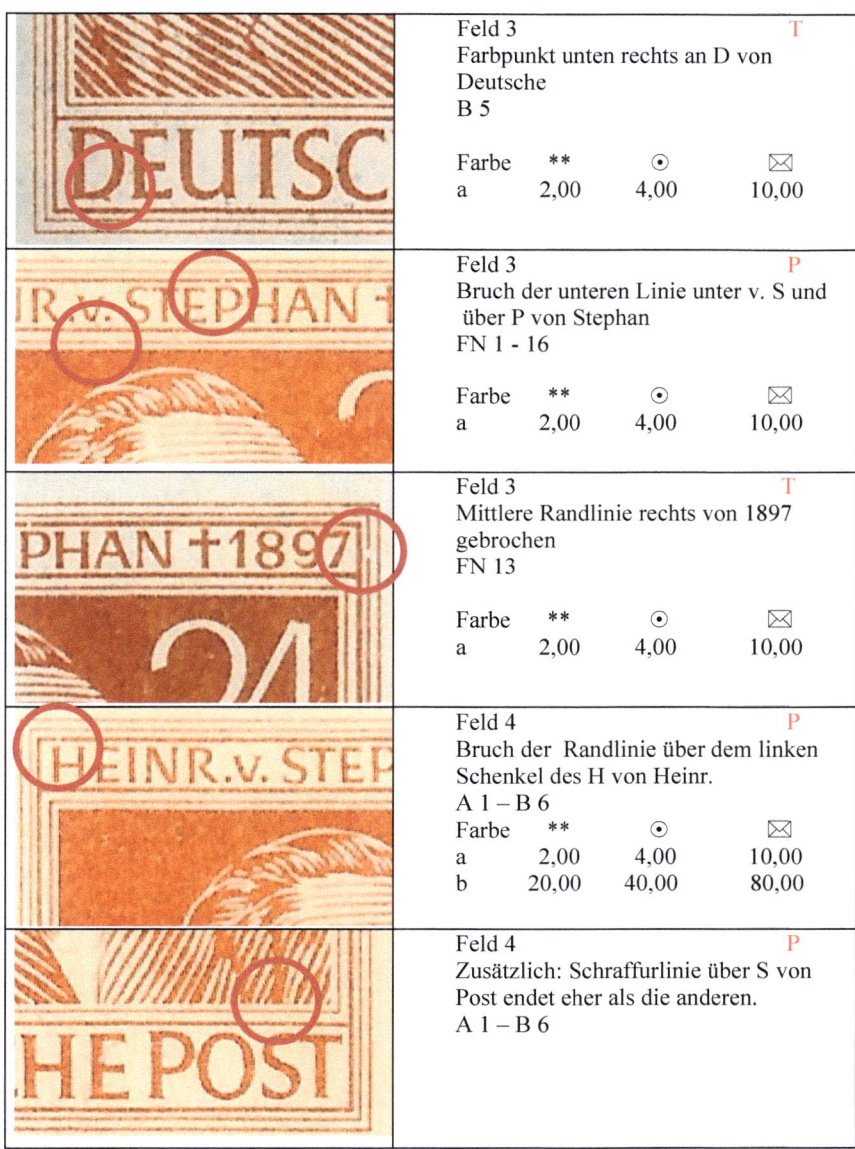

Feld 3 T Farbpunkt unten rechts an D von Deutsche B 5 Farbe ** ⊙ ✉ a 2,00 4,00 10,00	
Feld 3 P Bruch der unteren Linie unter v. S und über P von Stephan FN 1 - 16 Farbe ** ⊙ ✉ a 2,00 4,00 10,00	
Feld 3 T Mittlere Randlinie rechts von 1897 gebrochen FN 13 Farbe ** ⊙ ✉ a 2,00 4,00 10,00	
Feld 4 P Bruch der Randlinie über dem linken Schenkel des H von Heinr. A 1 – B 6 Farbe ** ⊙ ✉ a 2,00 4,00 10,00 b 20,00 40,00 80,00	
Feld 4 P Zusätzlich: Schraffurlinie über S von Post endet eher als die anderen. A 1 – B 6	

Feld 4				S
Bruch der Randlinie über E von Stephan				
A 2				
Farbe	**	⊙	⊠	
a	2,00	4,00	10,00	

Feld 4				S
Farbfleck zwischen Mittel- und innerer äußerer Randlinie neben 24				
A 5				
Farbe	**	⊙	⊠	
a	2,00	4,00	10,00	

Feld 4				T
Bruch der mittleren Linie unter N von Stephan				
B 2				
Farbe	**	⊙	⊠	
a	2,00	4,00	10,00	

Feld 4				S
Kerbe am linken Bildrand				
B 5				
Farbe	**	⊙	⊠	
a	2,00	4,00	10,00	

Feld 4a				S
Farbpunkt zwischen Bild und innerer Randlinie sowie				
B 6				
Farbe	**	⊙	⊠	
a	2,00	4,00	10,00	

	Feld 4b S Farbpunkt im Kreuzungspunkt der 4 B 6 Farbe ** ⊙ ✉ a 2,00 4,00 10,00
	Feld 4 P Bruch der mittleren Randlinie neben der Schulter FN 1 - 16 Farbe ** ⊙ ✉ a 2,00 4,00 10,00
	Feld 5 P Kerbe in der 5. Schraffurlinie von oben im Kragen A 1 – B 6 Farbe ** ⊙ ✉ a 2,00 4,00 10,00 b 20,00 40,00 80,00
	Feld 5 S Farbpunkt oben in D und unter 1.E von Deutsche A 1 Farbe ** ⊙ ✉ a 2,00 4,00 10,00 b 20,00 40,00 80,00
	Feld 5 T Farbstrich am linken Rand A 3 Farbe ** ⊙ ✉ a 2,00 4,00 10,00

37

Feld 5	S
Bruch der mittleren Randlinie über v. A 4	
Farbe ** ⊙ ✉ a 2,00 4,00 10,00	
Feld 5	S, L
Gebrochene mittlere Randlinie unter H von Deutsche B 2	
Farbe ** ⊙ ✉ a 2,00 4,00 10,00	
Feld 5a	T
R von Heinr. oben links gebrochen FN 2, 10	
Farbe ** ⊙ ✉ a 100,00 200,00 300,00	
Feld 5b	T
R von Heinr. nur noch eingekerbt FN 2, 10	
Farbe ** ⊙ ✉ a 50,00 100,00 300,00	
Feld 5c	T
Linie über R von Heinr. gebrochen FN 2, 10	
Farbe ** ⊙ ✉ a 10,00 50,00 200,00	

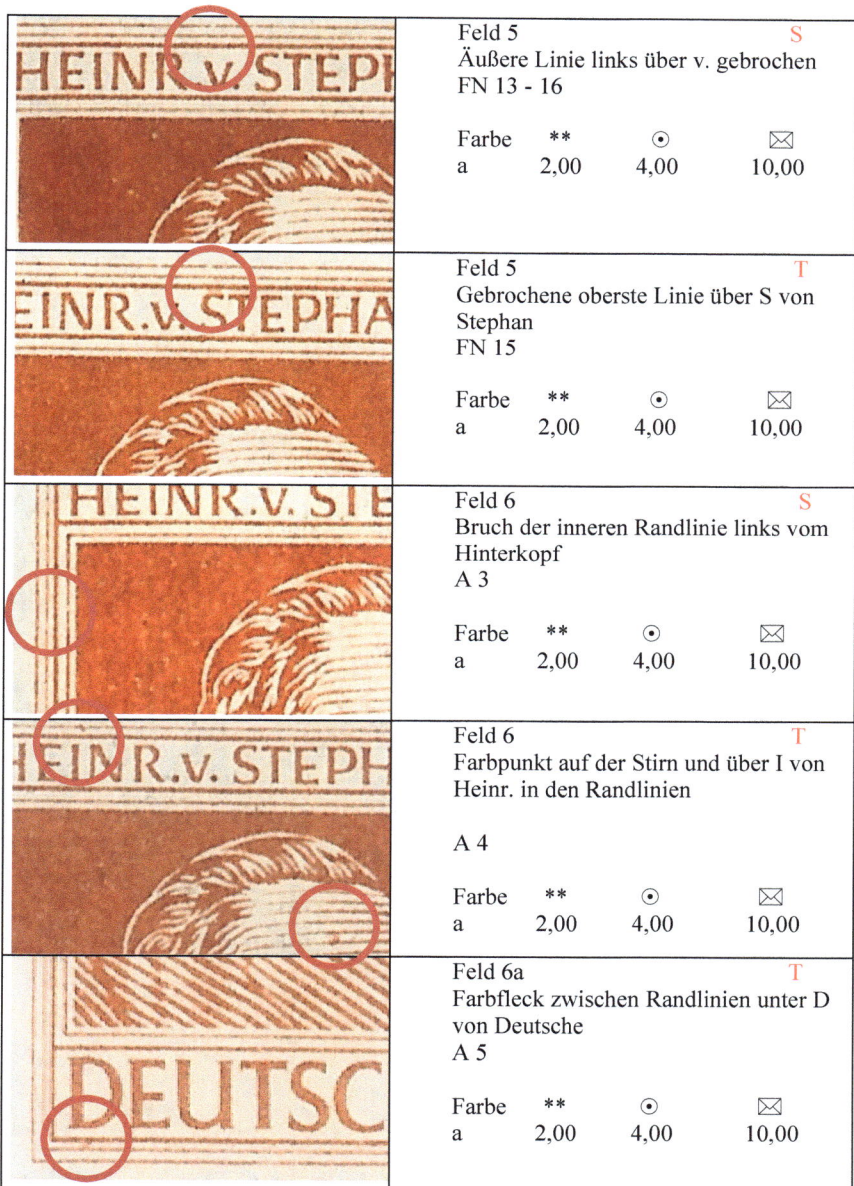

Feld 5 S Äußere Linie links über v. gebrochen FN 13 - 16 Farbe ** ⊙ ✉ a 2,00 4,00 10,00	
Feld 5 T Gebrochene oberste Linie über S von Stephan FN 15 Farbe ** ⊙ ✉ a 2,00 4,00 10,00	
Feld 6 S Bruch der inneren Randlinie links vom Hinterkopf A 3 Farbe ** ⊙ ✉ a 2,00 4,00 10,00	
Feld 6 T Farbpunkt auf der Stirn und über I von Heinr. in den Randlinien A 4 Farbe ** ⊙ ✉ a 2,00 4,00 10,00	
Feld 6a T Farbfleck zwischen Randlinien unter D von Deutsche A 5 Farbe ** ⊙ ✉ a 2,00 4,00 10,00	

	Feld 6b S Farbpunkt links oben vor 1 von 1897 A 5 Farbe ** ⊙ ✉ a 2,00 4,00 10,00
	Feld 6 S 2 Farbpunkte am D von Deutsche B 1 Farbe ** ⊙ ✉ a 2,00 4,00 10,00 b 20,00 40,00 80,00
	Feld 6 S Farbpunkt zwischen zwei linken Randlinien B 3 Farbe ** ⊙ ✉ a 2,00 4,00 10,00
	Feld 6 T Gebrochene Linie rechts unter E von Stephan B 4 Farbe ** ⊙ ✉ a 2,00 4,00 10,00 b 20,00 40,00 80,00
	Feld 6 P Bruch der unteren Randlinie über dem linken Schenkel des H von Heinr. FN 1 - 16 Farbe ** ⊙ ✉ a 2,00 4,00 10,00

	Feld 6 P Zusätzlich Schraffurlinie über S von Post endet eher als die anderen. FN 1 - 16
	Feld 6 T Kerbe in 7 von 1897 FN 13 Farbe ** ⊙ ✉ a 2,00 4,00 10,00
	Feld 6 S Weißer Punkt im dem Markenbild hinter dem Ohr FN16 Farbe ** ⊙ ✉ a 2,00 4,00 10,00
	Feld 6 T I in Heinr. gebrochen FN 16 Farbe ** ⊙ ✉ a 2,00 4,00 10,00
	Feld 7 P Bruch der 2. Außenlinie in Höhe des Schnauzbartes A 1 – B 6 Farbe ** ⊙ ✉ a 2,00 4,00 10,00 b 20,00 40,00 80,00

	Feld 7 P Zusätzlich Kerbe unten rechts im O von Post
	Feld 7 S Farbfleck zwischen den beiden äußeren linken Randlinien A 5 Farbe ** ⊙ ✉ a 2,00 4,00 10,00
	Feld 7 P Unterer Auslauf des S von Post beschädigt FN 1 – 14, 16 Farbe ** ⊙ ✉ a 2,00 4,00 10,00
	Feld 7 S „Zigarre,, im Mund FN 2 – 5, 13(T) Farbe ** ⊙ ✉ a 20,00 40,00 80,00
	Feld 7 T Waagerechter Strich rechts vom Mund FN 13 Farbe ** ⊙ ✉ a 2,00 4,00 10,00

	Feld 7 S Retusche des Primärfehlers S in Post FN 15 Farbe ** ⊙ ✉ a 20,00 90,00 200,00
	Feld 7a T Rechte untere Ecke von N in Heinr. beschädigt FN 16 Farbe ** ⊙ ✉ a 2,00 4,00 10,00
	Feld 7b T Rechte untere Ecke von N in Heinr. beschädigt FN 16 Farbe ** ⊙ ✉ a 2,00 4,00 10,00
	Feld 8 P Auslauf der 9 unten rechts eingekerbt A 1 – B 6 Farbe ** ⊙ ✉ a 2,00 4,00 10,00 b 20,00 40,00 80,00
	Feld 8 S Farbpunkt an rechter Mittellinie in Höhe der Bartspitze A 1 Farbe ** ⊙ ✉ a 2,00 4,00 10,00 b 20,00 40,00 80,00

Feld 8			S
Weißer Punkt in D von Deutsche			
A 2-A 6, B 1-B 6			
Farbe	**	⊙	✉
a	2,00	4,00	10,00
b	20,00	40,00	80,00

Feld 8a			S
Zusätzlich Bruch der 2. linken äußeren			
Linie in Höhe des Hinterkopfs			
A 2			
Farbe	**	⊙	✉
a	2,00	4,00	10,00

Feld 8b			S
Sowie Farbpunkt an innerer Linie und			
Bruch der 2.rechten äußeren Linie			
A 2, A 3			
Farbe	**	⊙	✉
a	2,00	4,00	10,00

Feld 8			S
Farbpunkt rechts von T von Stephan			
A 5			
Farbe	**	⊙	✉
a	2,00	4,00	10,00

Feld 8			S
Farbfleck zwischen 2 Schraffurlinien im			
Kragen			
B 1			
Farbe	**	⊙	✉
a	2,00	4,00	10,00
b	20,00	40,00	80,00

	Feld 8　　　　　　　　　　　　　　　　P Kerbe in der 5. Schraffurlinie von oben im Kragen FN 1 - 16 Farbe　　**　　　⊙　　　✉ a　　　2,00　　4,00　　10,00
	Feld 8　　　　　　　　　　　　　　　　S Gebrochene innere Linie unten rechts FN 5 Farbe　　**　　　⊙　　　✉ a　　　10,00　40,00　100,00
	Feld 9　　　　　　　　　　　　　　　　P Bruch der unteren Linie unter v. S und über P von Stephan A 1 – B 6 Farbe　　**　　　⊙　　　✉ a　　　2,00　　4,00　　10,00
	Feld 9　　　　　　　　　　　　　　　　S Weiße Flecken links vom Hinterkopf A 4 Farbe　　**　　　⊙　　　✉ a　　　2,00　　4,00　　10,00
	Feld 9　　　　　　　　　　　　　　　　S Farbfleck außen links oben A 5 Farbe　　**　　　⊙　　　✉ a　　　2,00　　4,00　　10,00

	Feld 9 T Farbpunkt an äußerer Randlinie A 6 Farbe ** ⊙ ✉ a 2,00 4,00 10,00 b 20,00 40,00 80,00
	Feld 9a T Farbpunkt verbindet zwei Schraffurlinien auf Kragen B 2 Farbe ** ⊙ ✉ a 2,00 4,00 10,00
	Feld 9b T Bruch einer Schraffurlinie im Kragen B 2 Farbe ** ⊙ ✉ a 2,00 4,00 10,00
	Feld 9 P Auslauf der 9 unten rechts eingekerbt FN 1 – 16 Farbe ** ⊙ ✉ a 2,00 4,00 10,00
	Feld 9 S Punkt im Bogen von D von Deutsche FN 1 – 4, 12 - 16 Farbe ** ⊙ ✉ a 2,00 4,00 10,00

	Feld 9　　　　　　　　　　　　　　　S Farbfleck auf dem Revers FN 5 Farbe　　**　　⊙　　✉ a　　　10,00　40,00　100,00
	Feld 9　　　　　　　　　　　　　　　S Farbpunkt außen am rechten Rand FN 15 Farbe　　**　　⊙　　✉ a　　　2,00　4,00　10,00
	Feld 10　　　　　　　　　　　　　　S Bruch der inneren rechts von 24 A 2 Farbe　　**　　⊙　　✉ a　　　2,00　4,00　10,00
	Feld 10　　　　　　　　　　　　　　S Farbpunkt links an D und rechts unten an E von Deutsche B 1 Farbe　　**　　⊙　　✉ a　　　2,00　4,00　10,00 b　　　20,00　40,00　80,00
	Feld 10　　　　　　　　　　　　　　P Oberste Randlinie links von H von Heinr. gebrochen A 1 – B 6, FN 1 – 5, 9 - 16 Farbe　　**　　⊙　　✉ a　　　2,00　4,00　10,00 b　　　20,00　40,00　80,00

47

	Feld 10 S Gebrochene rechte äußere Linie neben Oberkante der 7 in 1897 FN 1 – 5, 9 - 16 Farbe ** ⊙ ✉ a 2,00 4,00 10,00
	Feld 11 S Farbpunkt unten links im O von Post A 2-A 5, B 2, B 5, B 6 Farbe ** ⊙ ✉ a 2,00 4,00 10,00
	Feld 11 T Bruch der inneren Linie unter H von Heinr. A 3 Farbe ** ⊙ ✉ a 2,00 4,00 10,00
	Feld 11 S Bruch der äußeren Randlinie links über R von Heinr. A 4 Farbe ** ⊙ ✉ a 2,00 4,00 10,00
	Feld 11 S Farbfleck über S von Post A 5 Farbe ** ⊙ ✉ a 2,00 4,00 10,00

	Feld 11 T Bruch der inneren rechten Randlinie neben 24 B 1 Farbe ** ⊙ ✉ a 2,00 4,00 10,00 b 20,00 40,00 80,00
	Feld 11 S Farbstrich verbindet zwei Schraffurlinien links über P von Post FN 10 Farbe ** ⊙ ✉ a 20,00 40,00 100,00
	Feld 12 P Mittlere Linie über A von Stephan gebrochen A 1 – B 6 Farbe ** ⊙ ✉ a 2,00 4,00 10,00 b 20,00 40,00 80,00
	Feld 12 S Farbpunkt unten in 4 A 4 Farbe ** ⊙ ✉ a 2,00 4,00 10,00
	Feld 12 S Farbfleck rechts außen in Hohe des Kinnbartes A 5 Farbe ** ⊙ ✉ a 2,00 4,00 10,00

	Feld 13 P Mittlere rechte Randlinie in Höhe Kinnbartspitze gebrochen A 1 – B 6 Farbe ** ⊙ ✉ a 2,00 4,00 10,00 b 20,00 40,00 80,00
	Feld 13 i. Verb. m.. Feld 40 T Farbfleck links zwischen zwei Randlinien A 2 Farbe ** ⊙ ✉ a 2,00 4,00 10,00
	Feld 13 S, L Farbpunkt innen an P und rechts von T in Post A 6 Farbe ** ⊙ ✉ a 2,00 4,00 10,00 b 20,00 40,00 80,00
	Feld 13 S Farbfleck zwischen 2 Schraffurlinien am linken Rand B 1 Farbe ** ⊙ ✉ a 2,00 4,00 10,00 b 20,00 40,00 80,00
	Feld 13 S, L Gebrochene zweite äußere Randlinie neben Schulter B 5 Farbe ** ⊙ ✉ a 2,00 4,00 10,00

	Feld 13 P Kerbe in der Schraffurlinie, die die Kragenumrandung berührt über T von Deutsche FN 1 - 16 Farbe ** ⊙ ✉ a 2,00 4,00 10,00
	Feld 13 T I in Heinr. angebrochen FN 16 Farbe ** ⊙ ✉ a 2,00 4,00 10,00
	Feld 14 S Weißer Punkt rechts von Kinnbart A 4 Farbe ** ⊙ ✉ a 2,00 4,00 10,00
	Feld 14 S Farbfleck an 2. innerer rechter Linie in Höhe der Augen A 5 Farbe ** ⊙ ✉ a 2,00 4,00 10,00
	Feld 14 S Weißer Punkt am Kragenrand B 3 Farbe ** ⊙ ✉ a 2,00 4,00 10,00

Feld 14 T Bruch der inneren rechten Randlinie in Höhe Kinnbartspitze B 3	

Feld 14   T
Bruch der inneren rechten Randlinie in Höhe Kinnbartspitze
B 3

Farbe	**	⊙	✉
a	2,00	4,00	10,00

Feld 14   S, L
Farbpunkt an äußerer linker Randlinie
B 6

Farbe	**	⊙	✉
a	2,00	4,00	10,00

Feld 14   P
Mittlere Linie über A von Stephan gebrochen
FN 1 - 16

Farbe	**	⊙	✉
a	2,00	4,00	10,00

Feld 15   P
Kerbe im ersten E von Deutsche
A 1 – B 6

Farbe	**	⊙	✉
a	2,00	4,00	10,00
b	20,00	40,00	80,00

Feld 15   S
Weißer Haken über 24
A 1

Farbe	**	⊙	✉
a	2,00	4,00	10,00
b	20,00	40,00	80,00

	Feld 15 S Gebrochene innere linke Randlinie über D von Deutsche B 1 Farbe ** ⊙ ✉ a 2,00 4,00 10,00 b 20,00 40,00 80,00
	Feld 15 T Farbige Linie unter HE von Deutsche durch die Randlinien FN 1 Farbe ** ⊙ ✉ a 2,00 4,00 10,00
	Feld 15 S Gebrochene Oberste Randlinie über P von Stephan FN 10 Farbe ** ⊙ ✉ a 20,00 40,00 100,00
	Feld 16 S Farbpunkt unter der untersten Randlinie rechts unter C von Deutsche A 1 Farbe ** ⊙ ✉ a 2,00 4,00 10,00 b 20,00 40,00 80,00
	Feld 16 S Farbpunkt außerhalb des Bildes über v. A 4 Farbe ** ⊙ ✉ a 2,00 4,00 10,00

Feld 16			S
Farbpunkt an rechter innerer Linie in Höhe der Unterlippe			
A 5			
Farbe	**	⊙	✉
a	2,00	4,00	10,00

Feld 16			S
Farbfleck zwischen den beiden linken äußeren Linien in Höhe des Halses			
A 6			
Farbe	**	⊙	✉
a	2,00	4,00	10,00
b	20,00	40,00	80,00

Feld 16a			T
Fleck rechts über der Stirn			
FN 4			
Farbe	**	⊙	✉
a	2,00	4,00	10,00

Feld 16b			T
Fleck rechts über der Stirn			
FN 4			
Farbe	**	⊙	✉
a	2,00	4,00	10,00

Feld 17			S
Farbpunkt rechts außerhalb des Bildes			
A 4			
Farbe	**	⊙	✉
a	2,00	4,00	10,00

	Feld 17a S Punkte links und rechts vom v vergrößert A 5 Farbe ** ⊙ ✉ a 2,00 4,00 10,00
	Feld 17b S Farbpunkt an innerer Linie über SC von Deutsche A 5 Farbe ** ⊙ ✉ a 2,00 4,00 10,00
	Feld 17 T Farbfleck an T von Post B 1 Farbe ** ⊙ ✉ a 2,00 4,00 10,00 b 20,00 40,00 80,00
	Feld 17 S, L Farbpunkt zwischen Bild und innerer rechter Randlinie B 3 Farbe ** ⊙ ✉ a 2,00 4,00 10,00
	Feld 17 T Farbfleck unter A von Stephan B 4 Farbe ** ⊙ ✉ a 2,00 4,00 10,00 b 20,00 40,00 80,00

	Feld 17　　　　　　　　　　　　　　P Mittlere rechte Randlinie in Höhe Kinnbartspitze gebrochen FN 1 - 16 Farbe　　**　　　⊙　　　✉ a　　　2,00　　4,00　　10,00
	Feld 17　　　　　　　　　　　　　　S Kerbe am linken Schenkel des U von Deutsche FN 5 Farbe　　**　　　⊙　　　✉ a　　　20,00　　40,00　　100,00
	Feld 17　　　　　　　　　　　　　　T T von Deutsche angebrochen FN 16 Farbe　　**　　　⊙　　　✉ a　　　2,00　　4,00　　10,00
	Feld 18　　　　　　　　　　　　　　T Mittlere rechte Linie gebrochen neben 1897 A 1 Farbe　　**　　　⊙　　　✉ a　　　2,00　　4,00　　10,00 b　　　20,00　　40,00　　80,00
	Feld 18　　　　　　　　　　　　　　S Farbpunkt rechts außen in Höhe der Nasenspitze A 5 Farbe　　**　　　⊙　　　✉ a　　　2,00　　4,00　　10,00

	Feld 18 T Farbpunkt an und über T von Deutsche B 1 Farbe ** ⊙ ✉ a 2,00 4,00 10,00 b 20,00 40,00 80,00
	Feld 18 T Farbpunkt zwischen A von Stephan und Linie darüber B 4 Farbe ** ⊙ ✉ a 2,00 4,00 10,00 b 20,00 40,00 80,00
	Feld 18 S, L Farbfleck am linken Rand B 5 Farbe ** ⊙ ✉ a 2,00 4,00 10,00
	Feld 18 T Senkrechter Strich am Haar unter R, von Heinr, B 5 Farbe ** ⊙ ✉ a 2,00 4,00 10,00
	Feld 18 S, L Farbpunkt zwischen 2 Randlinien B 6 Farbe ** ⊙ ✉ a 2,00 4,00 10,00

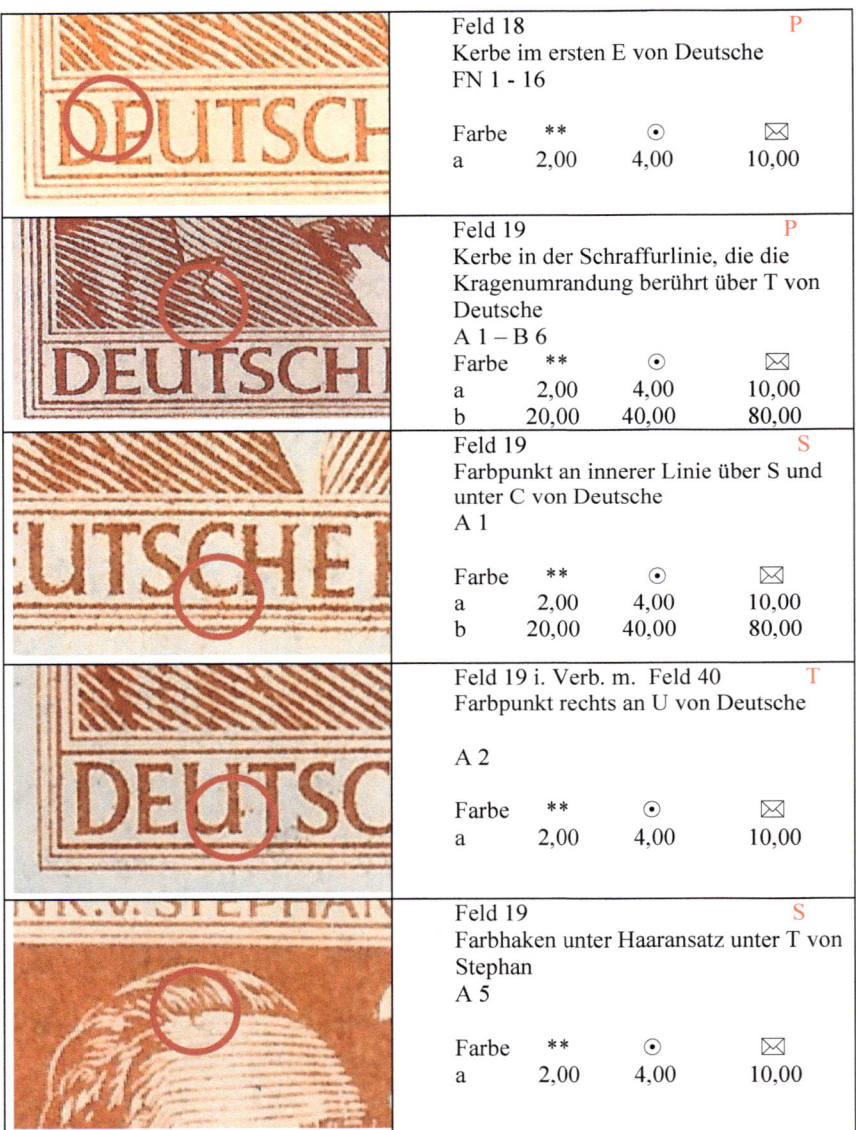

Feld 18			P
Kerbe im ersten E von Deutsche			
FN 1 - 16			
Farbe	**	⊙	✉
a	2,00	4,00	10,00

Feld 19			P
Kerbe in der Schraffurlinie, die die Kragenumrandung berührt über T von Deutsche			
A 1 – B 6			
Farbe	**	⊙	✉
a	2,00	4,00	10,00
b	20,00	40,00	80,00

Feld 19			S
Farbpunkt an innerer Linie über S und unter C von Deutsche			
A 1			
Farbe	**	⊙	✉
a	2,00	4,00	10,00
b	20,00	40,00	80,00

Feld 19 i. Verb. m. Feld 40			T
Farbpunkt rechts an U von Deutsche			
A 2			
Farbe	**	⊙	✉
a	2,00	4,00	10,00

Feld 19			S
Farbhaken unter Haaransatz unter T von Stephan			
A 5			
Farbe	**	⊙	✉
a	2,00	4,00	10,00

	Feld 19 S Farbfleck rechts unter 9 von 1897 A 6 Farbe ** ⊙ ✉ a 2,00 4,00 10,00 b 20,00 40,00 80,00
	Feld 20 S Farblinie durch 3 Schraffurlinien FN 13 Farbe ** ⊙ ✉ a 2,00 4,00 10,00
	Feld 21 S, L Obere Randlinie über Kreuz verdickt A 5 Farbe ** ⊙ ✉ a 2,00 4,00 10,00
	Feld 22 S, L Bruch einer Schraffurlinie im Revers B 1 Farbe ** ⊙ ✉ a 2,00 4,00 10,00 b 20,00 40,00 80,00
	Feld 22 S, L 3 Farbpunkte unter H von Deutsche B 4 Farbe ** ⊙ ✉ a 2,00 4,00 10,00 b 20,00 40,00 80,00

	Feld 23　　　　　　　　　　　　S, L Bruch einer Schraffurlinie im Revers B 3 Farbe　　**　　⊙　　✉ a　　　2,00　4,00　10,00
	Feld 24　　　　　　　　　　　　　T Rechte äußere Randlinie etwas höher als der waagr. Strich der 4 gebrochen A 1 – B 6 Farbe　　**　　⊙　　✉ a　　　2,00　　4,00　　10,00 b　　　20,00　40,00　80,00
	Feld 24　　　　　　　　　　　　　S Farbpunkt an linker Mittellinie in Höhe Kragen FN 15 Farbe　　**　　⊙　　✉ a　　　2,00　4,00　10,00
	Feld 24a　　　　　　　　　　　　T O von Post oben links gebrochen FN 15 Farbe　　**　　⊙　　✉ a　　　2,00　4,00　10,00
	Feld 24b　　　　　　　　　　　　T O von Post oben links angebrochen FN 15 Farbe　　**　　⊙　　✉ a　　　2,00　4,00　10,00

	Feld 24c　　　　　　　　　　　　　　　T O von Post oben rechts gebrochen FN 15 Farbe　　**　　　⊙　　　　✉ a　　　2,00　　4,00　　　10,00
	Feld 24d　　　　　　　　　　　　　　　T O von Post oben rechts angebrochen FN 15 Farbe　　**　　　⊙　　　　✉ a　　　2,00　　4,00　　　10,00
	Feld 24e　　　　　　　　　　　　　　　T Linie über O von Post rechts angebrochen FN 15 Farbe　　**　　　⊙　　　　✉ a　　　2,00　　4,00　　　10,00
	Feld 25　　　　　　　　　　　　　　　S, L Weißer Fleck über linker Schulter B 1 Farbe　　**　　　⊙　　　　✉ a　　　2,00　　4,00　　　10,00 b　　 20,00　 40,00　　 80,00
	Feld 25　　　　　　　　　　　　　　　　P Rechter Fuß des H von Deutsche eingekerbt FN 1 - 16 Farbe　　**　　　⊙　　　　✉ a　　　2,00　　4,00　　　10,00

Feld 25			T
Gebrochene Schraffurlinie auf der Schulter			
FN 14			
Farbe	**	⊙	✉
a	2,00	4,00	10,00

Feld 26			P
Rechter Fuß des H von Deutsche eingekerbt			
A 1 – B 6			
Farbe	**	⊙	✉
a	2,00	4,00	10,00
b	20,00	40,00	80,00

Feld 26			T
Rechte äußere Randlinie etwas höher als der waagr. Strich der 4 gebrochen			
FN 1 - 16			
Farbe	**	⊙	✉
a	2,00	4,00	10,00

Feld 27a			T
E von Heinr. senkrecht gebrochen			
A 2			
Farbe	**	⊙	✉
a	70,00	140,00	200,00

Feld 27b			T
E von Heinr. senkrecht gebrochen			
A 2			
Farbe	**	⊙	✉
a	70,00	140,00	200,00

(image)	Feld 27a T Oberer Querstrich des E von Heinr. gebrochen A 4 Farbe ** ⊙ ✉ a 2,00 4,00 10,00
(image)	Feld 27b T Oberer Querstrich des E von Heinr. gebrochen A 4 Farbe ** ⊙ ✉ a 2,00 4,00 10,00
(image)	Feld 28 P Bruch der oberen Linie über T von Deutsche A 1 – B 6 Farbe ** ⊙ ✉ a 2,00 4,00 10,00 b 20,00 40,00 80,00
(image)	Feld 28a S Beschädigung der linken Randlinien und Einkernung der Linie unter N von Heinr. FN 13 Farbe ** ⊙ ✉ a 2,00 4,00 10,00
(image)	Feld 28b S Beschädigung der linken Randlinien FN 13 Farbe ** ⊙ ✉ a 2,00 4,00 10,00

	Feld 28　　　　　　　　　　　　　S N von Heinr. durch Farbfleck mit Linie darunter verbunden FN 14 Farbe　　**　　⊙　　✉ a　　　2,00　4,00　10,00
	Feld 28　　　　　　　　　　　　　S Farbstrich quer durch die Schraffurlinien FN 16 Farbe　　**　　⊙　　✉ a　　　30,00　60,00　120,00
	Feld 29　　　　　　　　　　　　　P Bruch der oberen Linie über T von Deutsche FN 1- 16 Farbe　　**　　⊙　　✉ a　　　2,00　4,00　10,00
	Feld 29　　　　　　　　　　　　　S Mittlere Linie gebrochen in Höhe der Bartspitze FN 12 Farbe　　**　　⊙　　✉ a　　　20,00　40,00　200,00
	Feld 29a　　　　　　　　　　　　T Schraffurlinie über S von Deutsche gebrochen FN 15 Farbe　　**　　⊙　　✉ a　　　2,00　4,00　10,00

	Feld 29b T Schraffurlinie über S von Deutsche gebrochen FN 15 Farbe ** ⊙ ✉ a 2,00 4,00 10,00
	Feld 29 T Schraffurlinie über 1.E von Deutsche gebrochen FN 16 Farbe ** ⊙ ✉ a 2,00 4,00 10,00
	Feld 30 P Kerbe in Linie unter rechtem Schenkel des H von Stephan A 1 – B 6, FN 1 - 16 Farbe ** ⊙ ✉ a 2,00 4,00 10,00 b 20,00 40,00 80,00
	Feld 30 S Gebrochene Schraffurlinie rechts über O von Post FN 10 Farbe ** ⊙ ✉ a 20,00 40,00 100,00
	Feld 31 T Farbpunkt an Randlinie unter dem Kreuz rechts A 6 Farbe ** ⊙ ✉ a 2,00 4,00 10,00 b 20,00 40,00 80,00

	Feld 32 P Oberer Schenkel von E in Stephan läuft dünn aus A 1 – B 6 Farbe ** ⊙ ✉ a 2,00 4,00 10,00 b 20,00 40,00 80,00
	Feld 32 S Farbfleck oben an T von Deutsche FN 5 Farbe ** ⊙ ✉ a 20,00 40,00 100,00
	Feld 32 S Kerbe in Bildrand unter S von Stephan FN 9 Farbe ** ⊙ ✉ a 20,00 40,00 100,00
	Feld 33 S Farbfleck in Schulterschraffur über ST von Post A 2-A 5, B 2, B 3, B 5, B 6 Farbe ** ⊙ ✉ a 2,00 4,00 10,00
	Feld 33 S Farbfleck zwischen zwei Linien links unter D von Deutsche A 5 Farbe ** ⊙ ✉ a 2,00 4,00 10,00

	Feld 33 T Bruch der inneren rechten Randlinie in Augenhöhe A 6 Farbe ** ⊙ ✉ a 2,00 4,00 10,00 b 20,00 40,00 80,00
	Feld 33 S Farbpunkt rechts am Bildrand über der Schulter B 3 Farbe ** ⊙ ✉ a 2,00 4,00 10,00
	Feld 33 T Gebrochener mittlere rechte Randlinie neben 24 B 6 Farbe ** ⊙ ✉ a 2,00 4,00 10,00
	Feld 33 P Punkt in D von Deutsche FN 1 - 16 Farbe ** ⊙ ✉ a 2,00 4,00 10,00
	Feld 33 S Farbpunkt rechts von Oberstrich des 1.E von Deutsche FN 13 Farbe ** ⊙ ✉ a 2,00 4,00 10,00

	Feld 34 P Zweite rechte äußere Linie unterhalb des waagr. Strich von 4 gebrochen A 1 – B 6 Farbe ** ⊙ ✉ a 2,00 4,00 10,00 b 20,00 40,00 80,00
	Feld 34 S Bruch der 3. Schraffurlinie über 2.E von Deutsche A 1 Farbe ** ⊙ ✉ a 2,00 4,00 10,00 b 20,00 40,00 80,00
	Feld 34 T Farbfleck zwischen mittlerer und rechter Linie neben 4 von 24 A 1 Farbe ** ⊙ ✉ a 2,00 4,00 10,00 b 20,00 40,00 80,00
	Feld 34 S Farbfleck an Linie über ST von Stephan A 5 Farbe ** ⊙ ✉ a 2,00 4,00 10,00
	Feld 34 S Weißer Punkt in S von Deutsche B 2 Farbe ** ⊙ ✉ a 2,00 4,00 10,00

	Feld 34 T Kerbe in Bild unter A von Stephan B 6 Farbe ** ⊙ ✉ a 2,00 4,00 10,00
	Feld 34 P Oberer Schenkel von E in Stephan läuft dünn aus FN 1 - 16 Farbe ** ⊙ ✉ a 2,00 4,00 10,00
	Feld 34a S Farbfleck rechts am O und an der Linie unter OS von Post FN 5, 9 Farbe ** ⊙ ✉ a 10,00 20,00 50,00
	Feld 34b S Farbfleck rechts am O FN 15, 16 Farbe ** ⊙ ✉ a 2,00 4,00 10,00
	Feld 34c S Fleck in O von Post retuschiert FN 12 Farbe ** ⊙ ✉ a 20,00 40,00 100,00

	Feld 34a T Linie über T von Deutsche links gebrochen FN 15 Farbe ** ⊙ ✉ a 2,00 4,00 10,00
	Feld 34b T Linie über T von Deutsche links gebrochen FN 15 Farbe ** ⊙ ✉ a 2,00 4,00 10,00
	Feld 35 S, L Mittlerer Oberrandstrich über H von Heinr. gebrochen A 3 Farbe ** ⊙ ✉ a 2,00 4,00 10,00
	Feld 35 T Senkrechter Strich von R in Heinr. gebrochen A 4 Farbe ** ⊙ ✉ a 2,00 4,00 10,00
	Feld 35 S Weißer Punkt rechts von Oberlippenbart B 2 Farbe ** ⊙ ✉ a 2,00 4,00 10,00

	Feld 35 S Weißer Punkt unter der 2 B 3 Farbe ** ⊙ ✉ a 2,00 4,00 10,00
	Feld 35 P Punkt unten links im O von Post FN 1 - 16 Farbe ** ⊙ ✉ a 2,00 4,00 10,00
	Feld 36 P Punkt unten links im O von Post A 1 – B 6 Farbe ** ⊙ ✉ a 2,00 4,00 10,00 b 20,00 40,00 80,00
	Feld 36 T Bruch der inneren Randlinie über D von Deutsche A 3 Farbe ** ⊙ ✉ a 2,00 4,00 10,00
	Feld 36 S, L Farbfleck auf mittlerer Linie in Höhe der Augen A 5 Farbe ** ⊙ ✉ a 2,00 4,00 10,00

	Feld 36 T Verdickte mittlere Linie über Kreuz B 1 Farbe ** ⊙ ✉ a 2,00 4,00 10,00 b 20,00 40,00 80,00
	Feld 36 P Zweite rechte äußere Linie unterhalb des waagr. Strich von 4 gebrochen FN 1 - 16 Farbe ** ⊙ ✉ a 2,00 4,00 10,00
	Feld 36 T Weißer Fleck unter 24 FN 4 Farbe ** ⊙ ✉ a 2,00 4,00 10,00
	Feld 37 S Bruch der äußeren Randlinie links von Schulter A 3 Farbe ** ⊙ ✉ a 2,00 4,00 10,00
	Feld 37 T Farbstrich durch T von Stephan A 4 Farbe ** ⊙ ✉ a 2,00 4,00 10,00

	Feld 37 S S von Stephan gebrochen A 5 Farbe ** ⊙ ✉ a 2,00 4,00 10,00
	Feld 37 S Farbpunkt oben im S von Post B 3 Farbe ** ⊙ ✉ a 2,00 4,00 10,00
	Feld 37 S Gebrochene rechte äußere Randlinie über Schulter B 4 Farbe ** ⊙ ✉ a 2,00 4,00 10,00 b 20,00 40,00 80,00
	Feld 37 S Farbpunkte unter T von Deutsche in den Randlinien B 5 Farbe ** ⊙ ✉ a 2,00 4,00 10,00
	Feld 37a T Schraffur rechts über C von Deutsche beschädigt FN 16 Farbe ** ⊙ ✉ a 2,00 4,00 10,00

	Feld 37b T Schraffur rechts über C von Deutsche beschädigt FN 16 Farbe ** ⊙ ✉ a 2,00 4,00 10,00
	Feld 38 S Bruch der untersten Linie unter O von Post A 1 Farbe ** ⊙ ✉ a 2,00 4,00 10,00 b 20,00 40,00 80,00
	Feld 38 S Farbpunkt zwischen Bild und innerem Rand links oben A 5 Farbe ** ⊙ ✉ a 2,00 4,00 10,00
	Feld 38 S Farbpunkt über unterem Strich des E von Deutsche FN 1, 5, 9, Farbe ** ⊙ ✉ a 20,00 40,00 80,00
	Feld 39 P Punkt in D von Deutsche A 1 – B 6 Farbe ** ⊙ ✉ a 2,00 4,00 10,00 b 20,00 40,00 80,00

	Feld 39 S Farbpunkt an Schraffurlinie über 2. E von Deutsche A 1 – A 6, B 1, B 2, B 4-B 6 Farbe ** ⊙ ✉ a 2,00 4,00 10,00 b 20,00 40,00 80,00
	Feld 39a T Farbfleck unter O von Post A 1 Farbe ** ⊙ ✉ a 2,00 4,00 10,00 b 20,00 40,00 80,00
	Feld 39b T Farbfleck unter O von Post A 1 Farbe ** ⊙ ✉ a 2,00 4,00 10,00 b 20,00 40,00 80,00
	Feld 39 S Obere Randlinie über N von Stephan gebrochen B 1 Farbe ** ⊙ ✉ a 2,00 4,00 10,00 b 20,00 40,00 80,00
	Feld 39 S, L Farbfleck in 8 von 1897 B 4 Farbe ** ⊙ ✉ a 2,00 4,00 10,00 b 20,00 40,00 80,00

	Feld 39 S Farbpunkt auf Hemd über HE von Deutsche FN 1 – 4, 9 - 15 Farbe ** ⊙ ✉ a 2,00 4,00 10,00
	Feld 40a T Farbfleck links über D von Deutsche A 2 Farbe ** ⊙ ✉ a 2,00 4,00 10,00
	Feld 40b T Farbfleck links über D von Deutsche A 2 Farbe ** ⊙ ✉ a 2,00 4,00 10,00
	Feld 40c T Farbfleck links über D von Deutsche, retuschiert A 2 Farbe ** ⊙ ✉ a 2,00 4,00 10,00
	Feld 40 S Farbpunkt zwischen 3. Schraffurlinie und innerem Rand über D, weißer Punkt in Schraffurlinie rechts über U von Deutsche A 5 Farbe ** ⊙ ✉ a 2,00 4,00 10,00

	Feld 41 S Weißer Fleck rechts unter 2 von 24 A 1 Farbe ** ⊙ ✉ a 2,00 4,00 10,00 b 20,00 40,00 80,00
	Feld 41 S Mittlere linke Randlinie unten neben D von Deutsche gebrochen B 1 Farbe ** ⊙ ✉ a 2,00 4,00 10,00 b 20,00 40,00 80,00
	Feld 41 S Farbpunkt zwischen zwei rechten Randlinien B 3 Farbe ** ⊙ ✉ a 2,00 4,00 10,00
	Feld 41 S Gebrochene Schraffurlinie im Kragen FN 2 Farbe ** ⊙ ✉ a 2,00 4,00 10,00
	Feld 42 S Farbpunkt oben rechts von 2. E von Deutsche A 1 Farbe ** ⊙ ✉ a 2,00 4,00 10,00 b 20,00 40,00 80,00

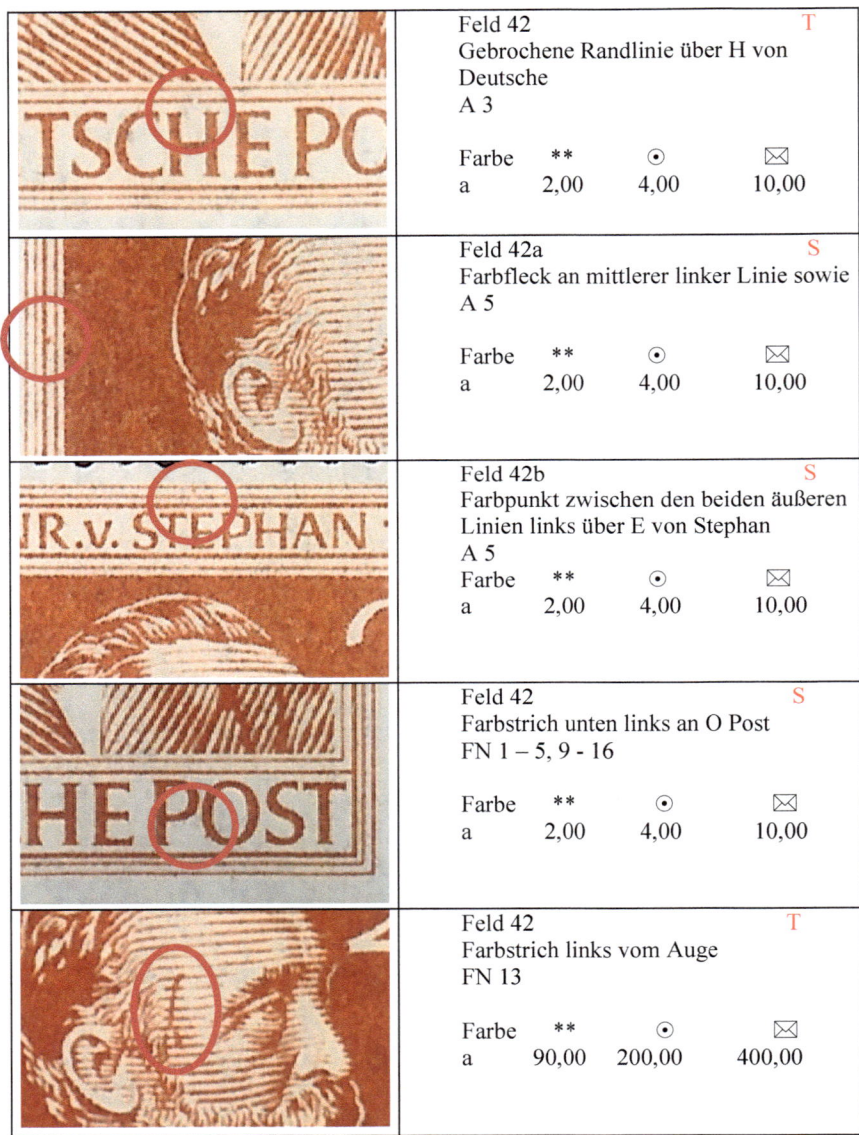

Feld 42			T
Gebrochene Randlinie über H von Deutsche			
A 3			
Farbe	**	⊙	✉
a	2,00	4,00	10,00

Feld 42a			S
Farbfleck an mittlerer linker Linie sowie			
A 5			
Farbe	**	⊙	✉
a	2,00	4,00	10,00

Feld 42b			S
Farbpunkt zwischen den beiden äußeren Linien links über E von Stephan			
A 5			
Farbe	**	⊙	✉
a	2,00	4,00	10,00

Feld 42			S
Farbstrich unten links an O Post			
FN 1 – 5, 9 - 16			
Farbe	**	⊙	✉
a	2,00	4,00	10,00

Feld 42			T
Farbstrich links vom Auge			
FN 13			
Farbe	**	⊙	✉
a	90,00	200,00	400,00

	Feld 43a T Gebrochene mittlere linke Randlinie B 5 Farbe ** ⊙ ✉ a 2,00 4,00 10,00
	Feld 43b T Mehrere gebrochene linke Randlinien B 5 Farbe ** ⊙ ✉ a 2,00 4,00 10,00
	Feld 43c T Mehrere gebrochene linke Randlinien B 5 Farbe ** ⊙ ✉ a 2,00 4,00 10,00
	Feld 43 T Schraffurlinie rechts über 1.E von Deutsche gebrochen FN 16 Farbe ** ⊙ ✉ a 2,00 4,00 10,00
	Feld 44 P Schraffurlinie über 1.E von Deutsche gebrochen A 1 – B 6 Farbe ** ⊙ ✉ a 2,00 4,00 10,00 b 20,00 40,00 80,00

	Feld 44 i. Verb. m. Feld 40 T Farbstrich links an U von Deutsche A 2 Farbe ** ⊙ ✉ a 2,00 4,00 10,00
	Feld 44 S Farbpunkt zw. den beiden äußeren linken Linien neben Schulter, gebrochene Schraffurlinie über 1.E A 5 Farbe ** ⊙ ✉ a 2,00 4,00 10,00
	Feld 44a T Gebrochene Schraffurlinie auf der Stirn FN 14 Farbe ** ⊙ ✉ a 2,00 4,00 10,00
	Feld 44b T Gebrochene Schraffurlinie auf der Stirn FN 14 Farbe ** ⊙ ✉ a 2,00 4,00 10,00
	Feld 45 S Farbfleck über 4 von 24 A 2-A 4, B 5 Farbe ** ⊙ ✉ a 2,00 4,00 10,00

	Feld 45 T Zwei Farbpunkte zwischen zwei rechten Randlinien B 1 Farbe ** ⊙ ✉ a 2,00 4,00 10,00 b 20,00 40,00 80,00
	Feld 45 P Bogen des P von Post unten beschädigt FN 1 – 6, 13 - 16 Farbe ** ⊙ ✉ a 2,00 4,00 10,00
	Feld 45 S Gebrochene Schraffurlinien FN 5 Farbe ** ⊙ ✉ a 2,00 4,00 10,00
	Feld 45 S Primärfehler P von Post retuschiert FN 9, 10, 12 Farbe ** ⊙ ✉ a 20,00 100,00 400,00
	Feld 46 P Bogen des P von Post unten beschädigt A 1 – B 6 Farbe ** ⊙ ✉ a 2,00 4,00 10,00 b 20,00 40,00 80,00

	Feld 46 S Farbpunkt links oben in 4 A 5 Farbe ** ⊙ ✉ a 2,00 4,00 10,00
	Feld 46 T Farbpunkt zwischen den beiden äußeren linken Randlinie unten neben D von Deutsche A 6 Farbe ** ⊙ ✉ a 2,00 4,00 10,00 b 20,00 40,00 80,00
	Feld 46 S Farbfleck am rechten Rand in Höhe 24 B 6 Farbe ** ⊙ ✉ a 2,00 4,00 10,00
	Feld 46 P Schraffurlinie über 1.E von Deutsche gebrochen FN 1 – 16 Farbe ** ⊙ ✉ a 2,00 4,00 10,00
	Feld 47 i. Verb. m. Feld 40 T Farbfleck über N in den Randlinien A 2 Farbe ** ⊙ ✉ a 2,00 4,00 10,00

(image)	Feld 47 S Farbpunkt links unten neben T von Post A 5 Farbe ** ⊙ ✉ a 2,00 4,00 10,00
(image)	Feld 48 T Farbstrich unter H von Deutsche in den Randlinien A 2 Farbe ** ⊙ ✉ a 2,00 4,00 10,00
(image)	Feld 48 S Unterer Auslauf des S von Stephan durch Farbfleck verdickt FN 13 Farbe ** ⊙ ✉ a 2,00 4,00 10,00
(image)	Feld 49 T Randlinie rechts neben T von Post gebrochen A 3 Farbe ** ⊙ ✉ a 2,00 4,00 10,00
(image)	Feld 49 T Mittlere Randlinie links über A von Stephan gebrochen A 5 Farbe ** ⊙ ✉ a 2,00 4,00 10,00

	Feld 49 S Farbfleck rechts in Schulterschraffur FN 5 Farbe ** ⊙ ✉ a 20,00 40,00 80,00
	Feld 49 S Fleck in Schulterschraffur über ST von Post retuschiert FN 12 Farbe ** ⊙ ✉ a 20,00 40,00 100,00
	Feld 49a S 4 von 24 am Fuß unten mit weißem Punkt FN 16 Farbe ** ⊙ ✉ a 2,00 4,00 10,00
	und Feld 49b Farbstrich unter EP von Deutsche Post außerhalb
	Feld 50 S, L Kratzer von der 2 schräg nach unten zum Rand hin A 3 Farbe ** ⊙ ✉ a 2,00 4,00 10,00

	Feld 50 T Linke Mittelrandlinie gebrochen A 4 Farbe ** ⊙ ✉ a 2,00 4,00 10,00
	Feld 50 S Farbfleck links unten von 2.E in Deutsche A 5 Farbe ** ⊙ ✉ a 2,00 4,00 10,00
	Feld 50 S Gebrochene rechte äußere Randlinie in Höhe der inneren unteren Randlinie FN 1 –5, 9 - 16 Farbe ** ⊙ ✉ a 2,00 4,00 10,00
	Feld 50 S Weißer Fleck rechts vom Kinn FN 5 Farbe ** ⊙ ✉ a 20,00 40,00 100,00
	Feld 50 S Rechte äußere Linie gebrochen und Fleck unter der Rahmenecke FN 12 Farbe ** ⊙ ✉ a 20,00 40,00 100,00

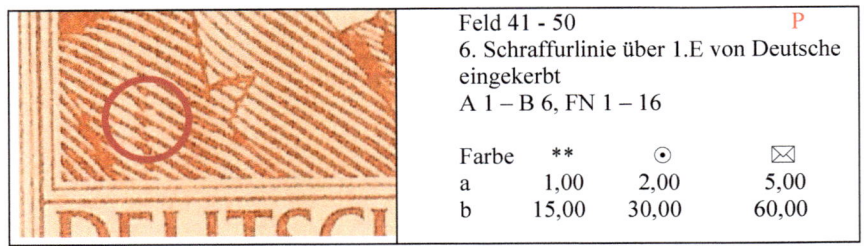

Feld 41 - 50			P
6. Schraffurlinie über 1.E von Deutsche eingekerbt			
A 1 – B 6, FN 1 – 16			
Farbe	**	⊙	✉
a	1,00	2,00	5,00
b	15,00	30,00	60,00

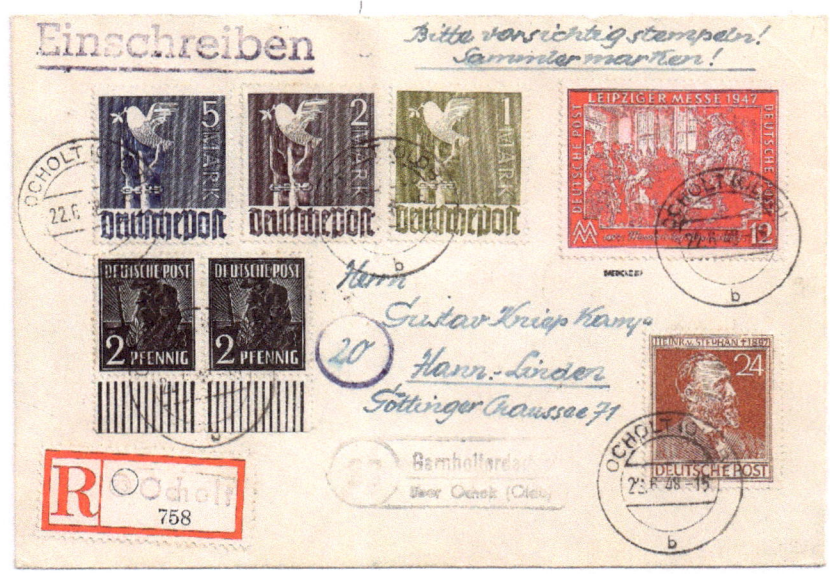

10 – fach Frankatur 22.6.48 mit A5/F21/S,L
Farbstrich auf oberer Randlinie

Ausschnitt mit PF A5/F21/S,L

10-fach Frankatur 24.6.48 Löbstädt (Bz. Leipzig) mit u.a. F5a/FN2/T, gebrochenes R in Heinr.

Ausschnitt mit PF

4.2 75 Pf. - Wert

Vorbemerkung: Aufgrund der bislang noch recht geringen Menge an auswertbarem Bogenmaterial sind besonders bei den Typen C3, D3 und D4 zu den Feldern häufig mehrere Feldmerkmale abgebildet. Ein Teil wird sich davon später möglicherweise als Druckzufälligkeiten erweisen.

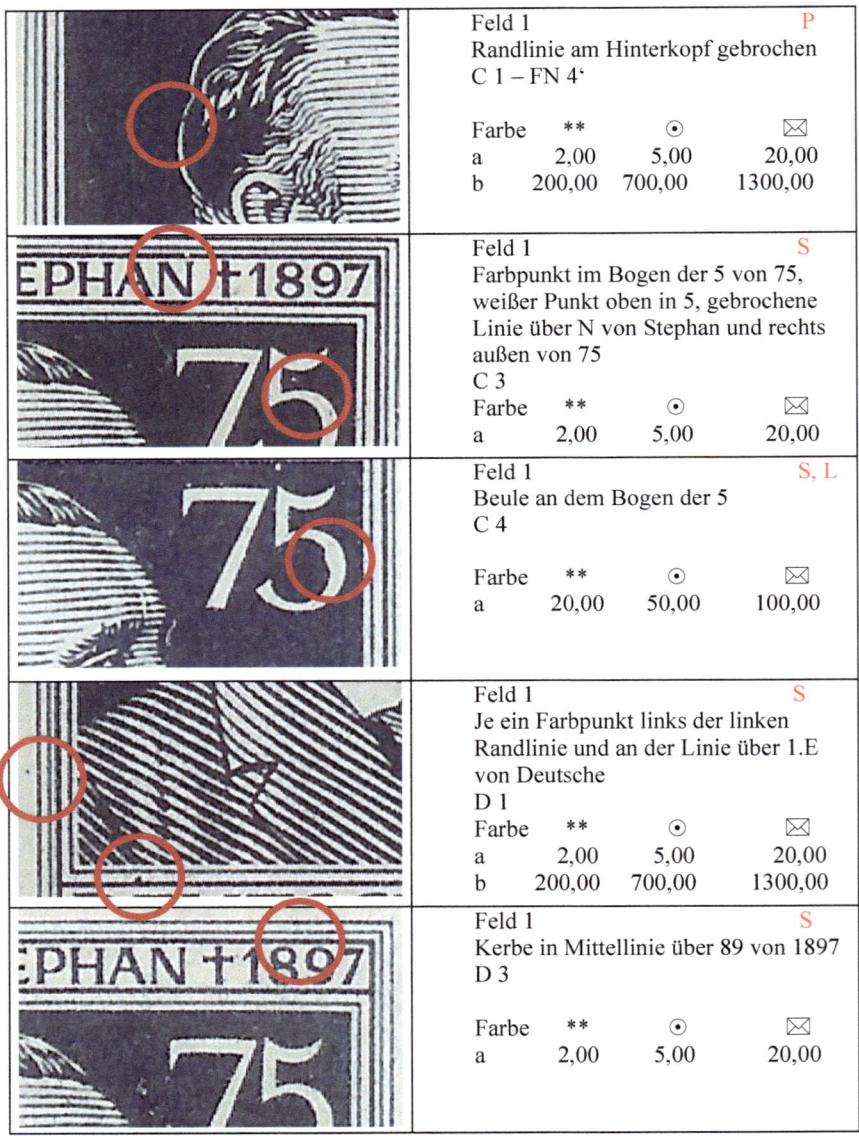

Feld 1	P
Randlinie am Hinterkopf gebrochen	
C 1 – FN 4'	

Farbe	**	⊙	✉
a	2,00	5,00	20,00
b	200,00	700,00	1300,00

Feld 1	S
Farbpunkt im Bogen der 5 von 75, weißer Punkt oben in 5, gebrochene Linie über N von Stephan und rechts außen von 75	
C 3	

Farbe	**	⊙	✉
a	2,00	5,00	20,00

Feld 1	S, L
Beule an dem Bogen der 5	
C 4	

Farbe	**	⊙	✉
a	20,00	50,00	100,00

Feld 1	S
Je ein Farbpunkt links der linken Randlinie und an der Linie über 1.E von Deutsche	
D 1	

Farbe	**	⊙	✉
a	2,00	5,00	20,00
b	200,00	700,00	1300,00

Feld 1	S
Kerbe in Mittellinie über 89 von 1897	
D 3	

Farbe	**	⊙	✉
a	2,00	5,00	20,00

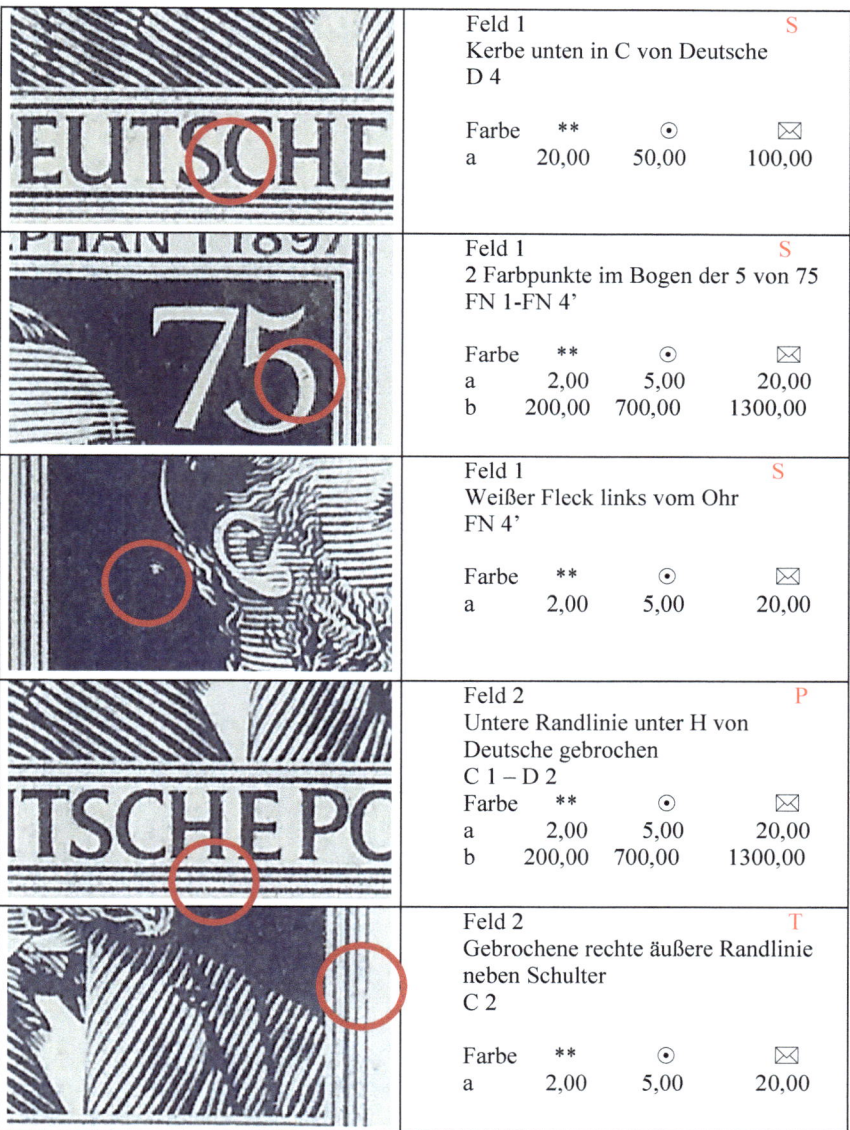

Feld 1			S
Kerbe unten in C von Deutsche			
D 4			
Farbe	**	⊙	✉
a	20,00	50,00	100,00

Feld 1			S
2 Farbpunkte im Bogen der 5 von 75			
FN 1-FN 4'			
Farbe	**	⊙	✉
a	2,00	5,00	20,00
b	200,00	700,00	1300,00

Feld 1			S
Weißer Fleck links vom Ohr			
FN 4'			
Farbe	**	⊙	✉
a	2,00	5,00	20,00

Feld 2			P
Untere Randlinie unter H von			
Deutsche gebrochen			
C 1 – D 2			
Farbe	**	⊙	✉
a	2,00	5,00	20,00
b	200,00	700,00	1300,00

Feld 2			T
Gebrochene rechte äußere Randlinie			
neben Schulter			
C 2			
Farbe	**	⊙	✉
a	2,00	5,00	20,00

	Feld 2 S Gebrochene Rand – und Schraffurlinie im Kragen C 3 Farbe ** ⊙ ✉ a 2,00 5,00 20,00
	Feld 2 P Der Abstrich der 7 ist eingekerbt C 3 – D 4, FN 1 – 4' Farbe ** ⊙ ✉ a 2,00 5,00 20,00 b 200,00 700,00 1300,00
	Feld 2 S 2 gebrochene linke Randlinien in Höhe der dicken waagerechten Linie C 4 Farbe ** ⊙ ✉ a 20,00 50,00 100,00
	Feld 2 S Weißer Punkt rechts in A von Stephan D 1 Farbe ** ⊙ ✉ a 2,00 5,00 20,00 b 200,00 700,00 1300,00
	Feld 2 S Weißer Punkt rechts über 5 von 75 D 3 Farbe ** ⊙ ✉ a 20,00 50,00 100,00

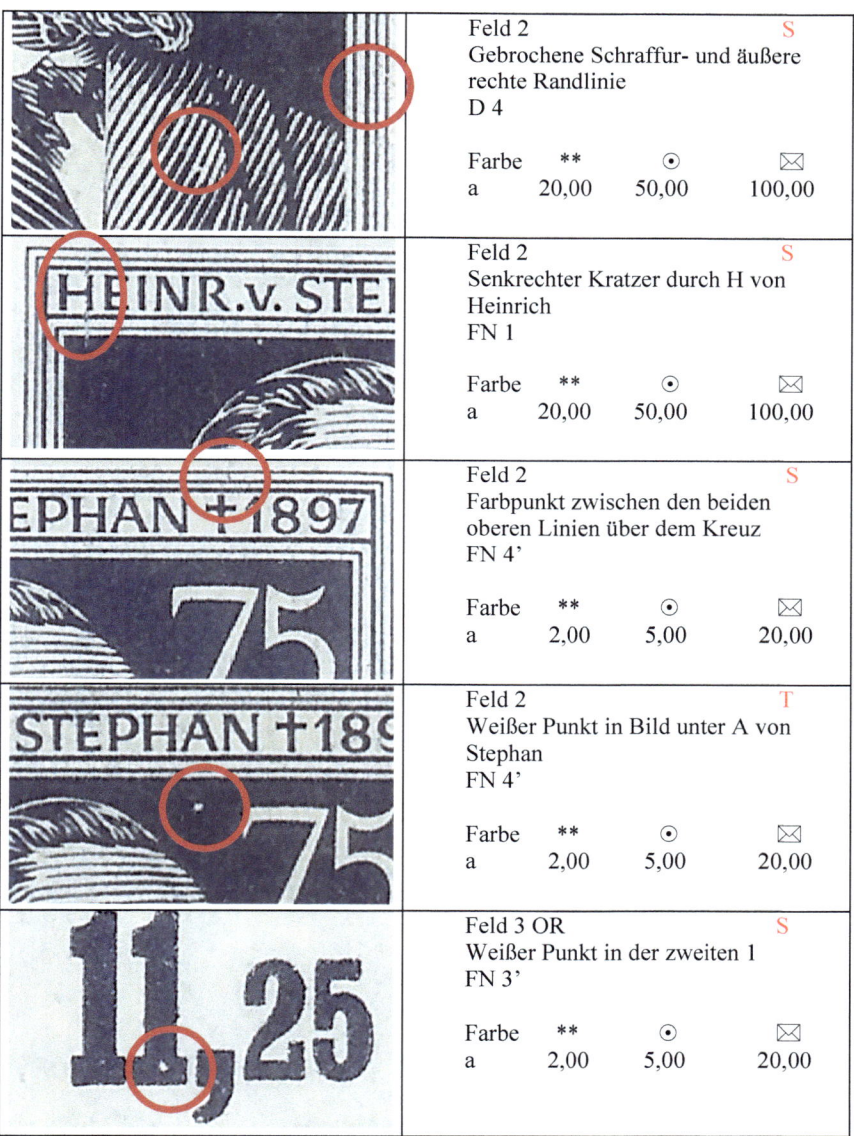

Feld 2			S
Gebrochene Schraffur- und äußere rechte Randlinie			
D 4			
Farbe	**	⊙	✉
a	20,00	50,00	100,00

Feld 2			S
Senkrechter Kratzer durch H von Heinrich			
FN 1			
Farbe	**	⊙	✉
a	20,00	50,00	100,00

Feld 2			S
Farbpunkt zwischen den beiden oberen Linien über dem Kreuz			
FN 4'			
Farbe	**	⊙	✉
a	2,00	5,00	20,00

Feld 2			T
Weißer Punkt in Bild unter A von Stephan			
FN 4'			
Farbe	**	⊙	✉
a	2,00	5,00	20,00

Feld 3 OR			S
Weißer Punkt in der zweiten 1			
FN 3'			
Farbe	**	⊙	✉
a	2,00	5,00	20,00

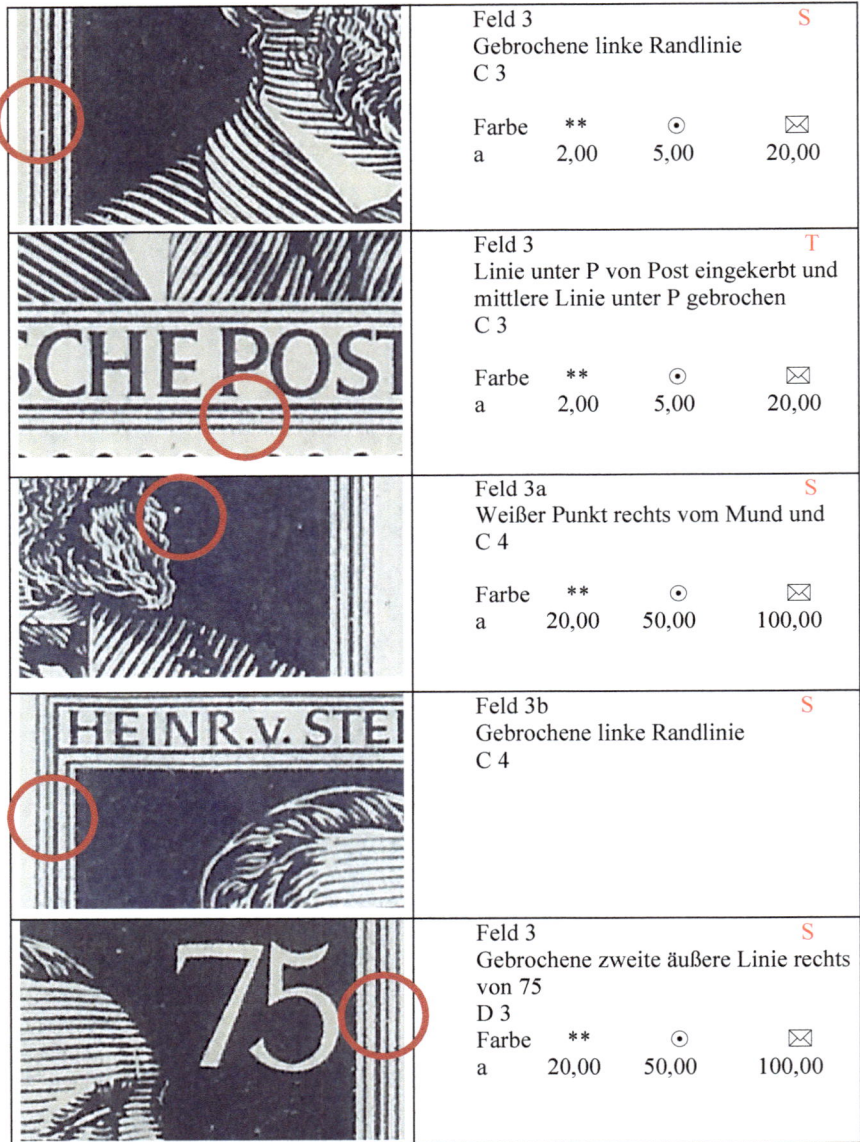

Feld 3 S Gebrochene linke Randlinie C 3	
Farbe ** ⊙ ✉ a 2,00 5,00 20,00	

Feld 3   T
Linie unter P von Post eingekerbt und mittlere Linie unter P gebrochen
C 3

Farbe   **   ⊙   ✉
a   2,00   5,00   20,00

Feld 3a   S
Weißer Punkt rechts vom Mund und
C 4

Farbe   **   ⊙   ✉
a   20,00   50,00   100,00

Feld 3b   S
Gebrochene linke Randlinie
C 4

Feld 3   S
Gebrochene zweite äußere Linie rechts von 75
D 3
Farbe   **   ⊙   ✉
a   20,00   50,00   100,00

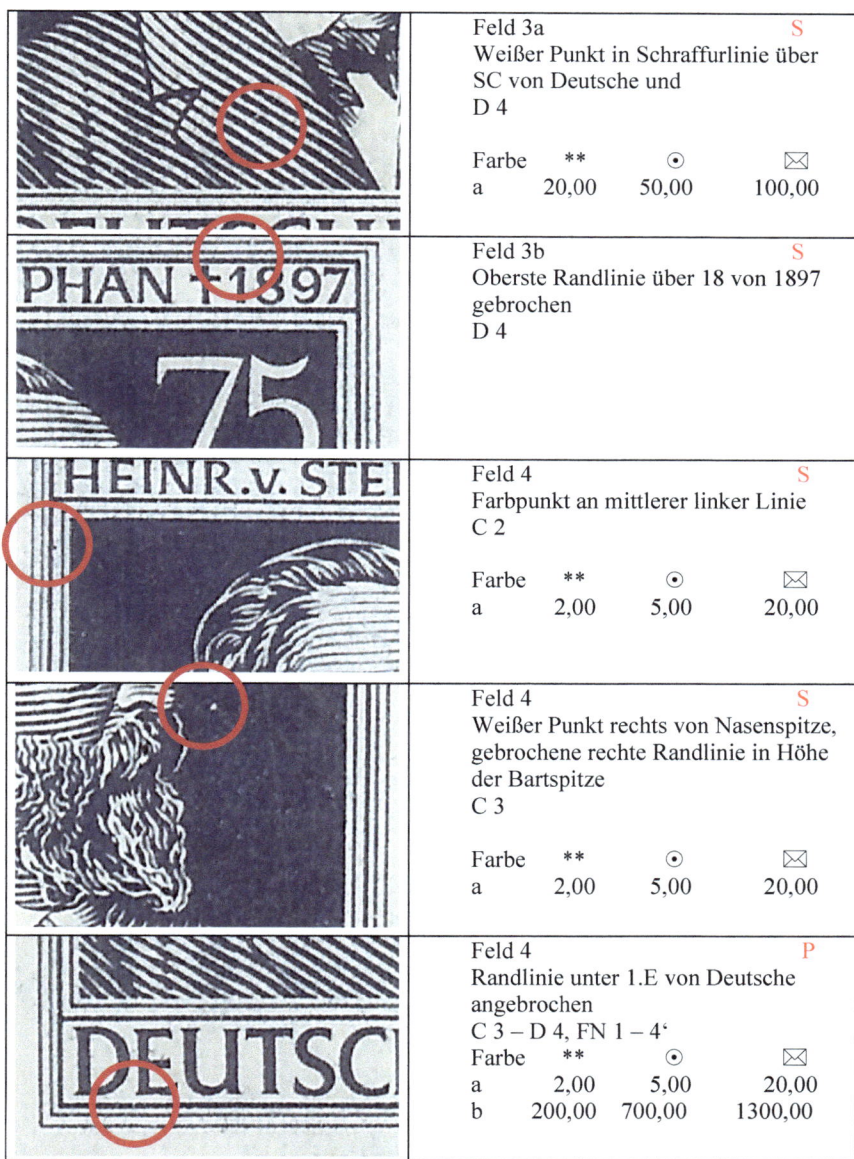

Feld 3a S Weißer Punkt in Schraffurlinie über SC von Deutsche und D 4 Farbe ** ⊙ ✉ a 20,00 50,00 100,00	
Feld 3b S Oberste Randlinie über 18 von 1897 gebrochen D 4	
Feld 4 S Farbpunkt an mittlerer linker Linie C 2 Farbe ** ⊙ ✉ a 2,00 5,00 20,00	
Feld 4 S Weißer Punkt rechts von Nasenspitze, gebrochene rechte Randlinie in Höhe der Bartspitze C 3 Farbe ** ⊙ ✉ a 2,00 5,00 20,00	
Feld 4 P Randlinie unter 1.E von Deutsche angebrochen C 3 – D 4, FN 1 – 4' Farbe ** ⊙ ✉ a 2,00 5,00 20,00 b 200,00 700,00 1300,00	

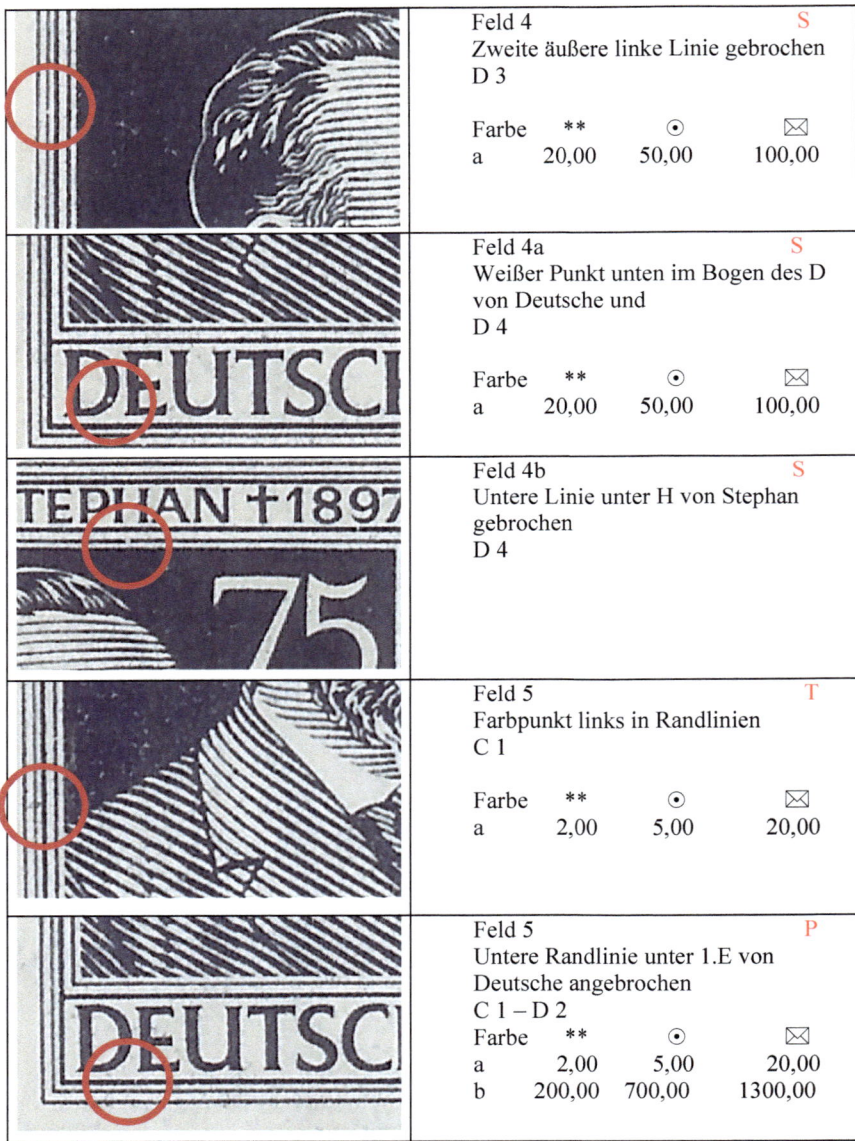

Feld 4	S
Zweite äußere linke Linie gebrochen	
D 3	

	Farbe	**	⊙	✉
a		20,00	50,00	100,00

Feld 4a	S
Weißer Punkt unten im Bogen des D von Deutsche und	
D 4	

	Farbe	**	⊙	✉
a		20,00	50,00	100,00

Feld 4b	S
Untere Linie unter H von Stephan gebrochen	
D 4	

Feld 5	T
Farbpunkt links in Randlinien	
C 1	

	Farbe	**	⊙	✉
a		2,00	5,00	20,00

Feld 5	P
Untere Randlinie unter 1.E von Deutsche angebrochen	
C 1 – D 2	

	Farbe	**	⊙	✉
a		2,00	5,00	20,00
b		200,00	700,00	1300,00

Feld 5			S
Farbpunkt zwischen Schraffurlinien über C von Deutsche			
C 2			
Farbe	**	⊙	✉
a	2,00	5,00	20,00

Feld 5			T
Gebrochene rechte mittlere Randlinie in Höhe Augenbrauen			
C 2			
Farbe	**	⊙	✉
a	2,00	5,00	20,00

Feld 5			S
Gebrochene innere und äußere rechte Randlinie sowie			
C 3			
Farbe	**	⊙	✉
a	2,00	5,00	20,00

Feld 5			P
Untere Randlinie unter H von Deutsche gebrochen			
C 3 – D 4, FN 1 – 4'			
Farbe	**	⊙	✉
a	2,00	5,00	20,00
b	200,00	700,00	1300,00

Feld 5a			S
Farbpunkt an mittlerer rechter Randlinie			
C 3 –D 4, FN 1 – FN 4'			
Farbe	**	⊙	✉
a	2,00	4,00	15,00
b	200,00	700,00	1300,00

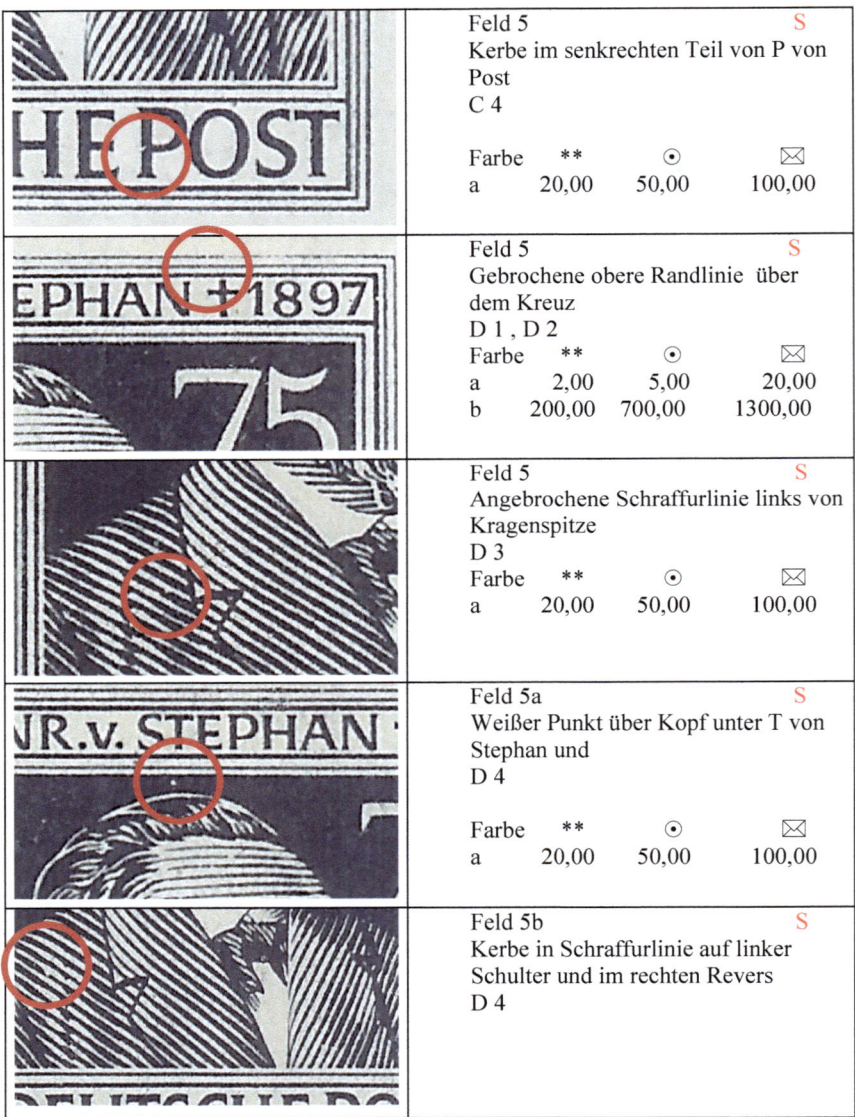

Feld 5 S Kerbe im senkrechten Teil von P von Post C 4 Farbe ** ⊙ ✉ a 20,00 50,00 100,00	
Feld 5 S Gebrochene obere Randlinie über dem Kreuz D 1 , D 2 Farbe ** ⊙ ✉ a 2,00 5,00 20,00 b 200,00 700,00 1300,00	
Feld 5 S Angebrochene Schraffurlinie links von Kragenspitze D 3 Farbe ** ⊙ ✉ a 20,00 50,00 100,00	
Feld 5a S Weißer Punkt über Kopf unter T von Stephan und D 4 Farbe ** ⊙ ✉ a 20,00 50,00 100,00	
Feld 5b S Kerbe in Schraffurlinie auf linker Schulter und im rechten Revers D 4	

	Feld 5 S Kerbe in Bogen von D von Deutsche FN 4 Farbe ** ⊙ ✉ a 2,00 5,00 20,00 b 200,00 700,00 1300,00
	Feld 5a T R in Heinr. gebrochen – Variante 1 FN 2' Farbe ** ⊙ ✉ a 2,00 5,00 20,00
	Feld 5b T R in Heinr. gebrochen – Variante 3 FN 2' Farbe ** ⊙ ✉ a 2,00 5,00 20,00
	Feld 5c T R in Heinr. gebrochen – Variante 4 FN 2' Farbe ** ⊙ ✉ a 2,00 5,00 20,00
	Feld 5d T R in Heinr. gebrochen – Variante 5 FN 2' Farbe ** ⊙ ✉ a 2,00 5,00 20,00

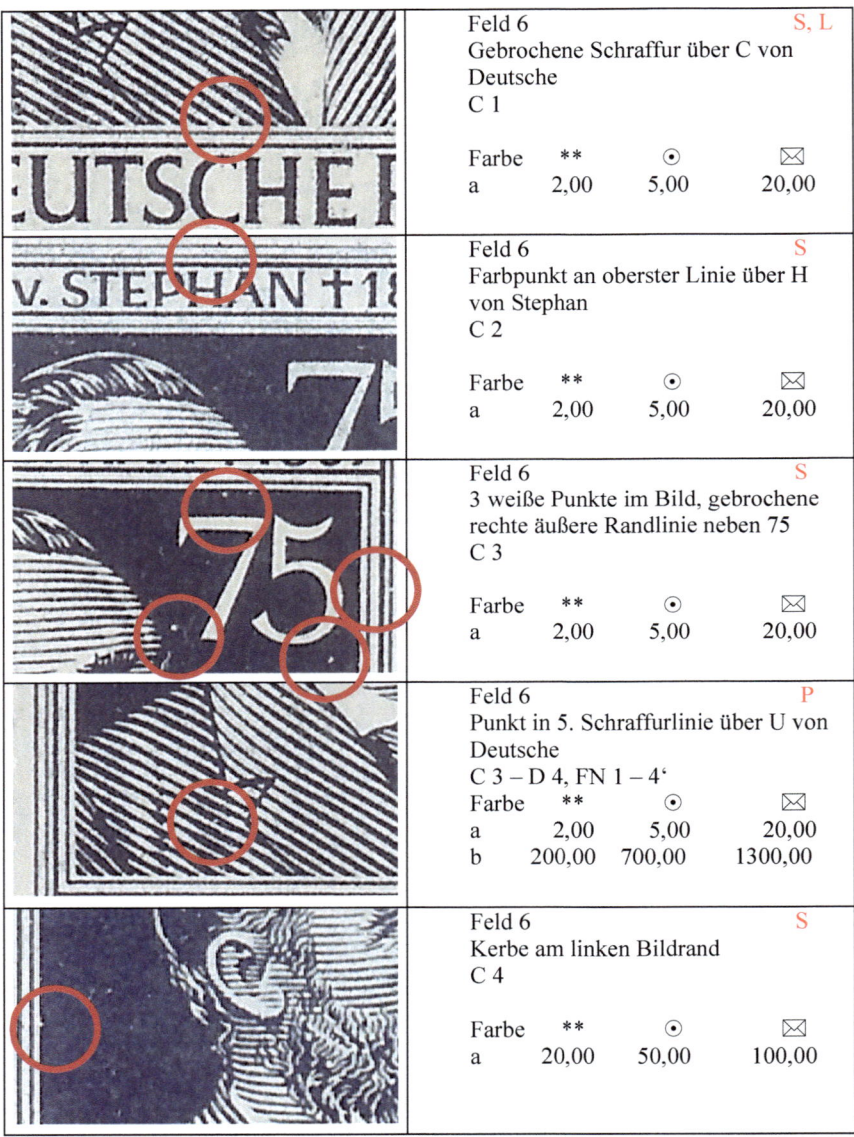

Feld 6	S, L
Gebrochene Schraffur über C von Deutsche	
C 1	

Farbe	**	⊙	✉
a	2,00	5,00	20,00

Feld 6	S
Farbpunkt an oberster Linie über H von Stephan	
C 2	

Farbe	**	⊙	✉
a	2,00	5,00	20,00

Feld 6	S
3 weiße Punkte im Bild, gebrochene rechte äußere Randlinie neben 75	
C 3	

Farbe	**	⊙	✉
a	2,00	5,00	20,00

Feld 6	P
Punkt in 5. Schraffurlinie über U von Deutsche	
C 3 – D 4, FN 1 – 4'	

Farbe	**	⊙	✉
a	2,00	5,00	20,00
b	200,00	700,00	1300,00

Feld 6	S
Kerbe am linken Bildrand	
C 4	

Farbe	**	⊙	✉
a	20,00	50,00	100,00

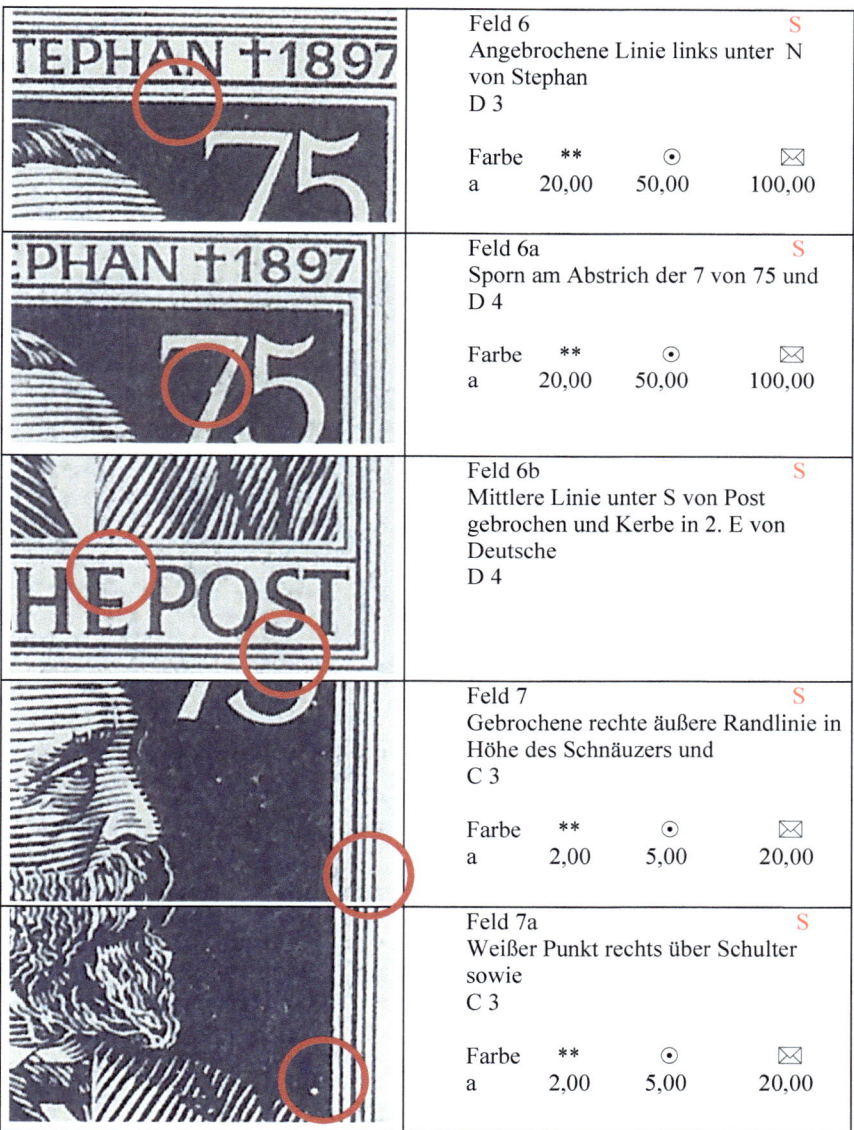

Feld 6 S Angebrochene Linie links unter N von Stephan D 3	
Farbe ** ⊙ ✉ a 20,00 50,00 100,00	
Feld 6a S Sporn am Abstrich der 7 von 75 und D 4	
Farbe ** ⊙ ✉ a 20,00 50,00 100,00	
Feld 6b S Mittlere Linie unter S von Post gebrochen und Kerbe in 2. E von Deutsche D 4	
Farbe ** ⊙ ✉ a 20,00 50,00 100,00	
Feld 7 S Gebrochene rechte äußere Randlinie in Höhe des Schnäuzers und C 3	
Farbe ** ⊙ ✉ a 2,00 5,00 20,00	
Feld 7a S Weißer Punkt rechts über Schulter sowie C 3	
Farbe ** ⊙ ✉ a 2,00 5,00 20,00	

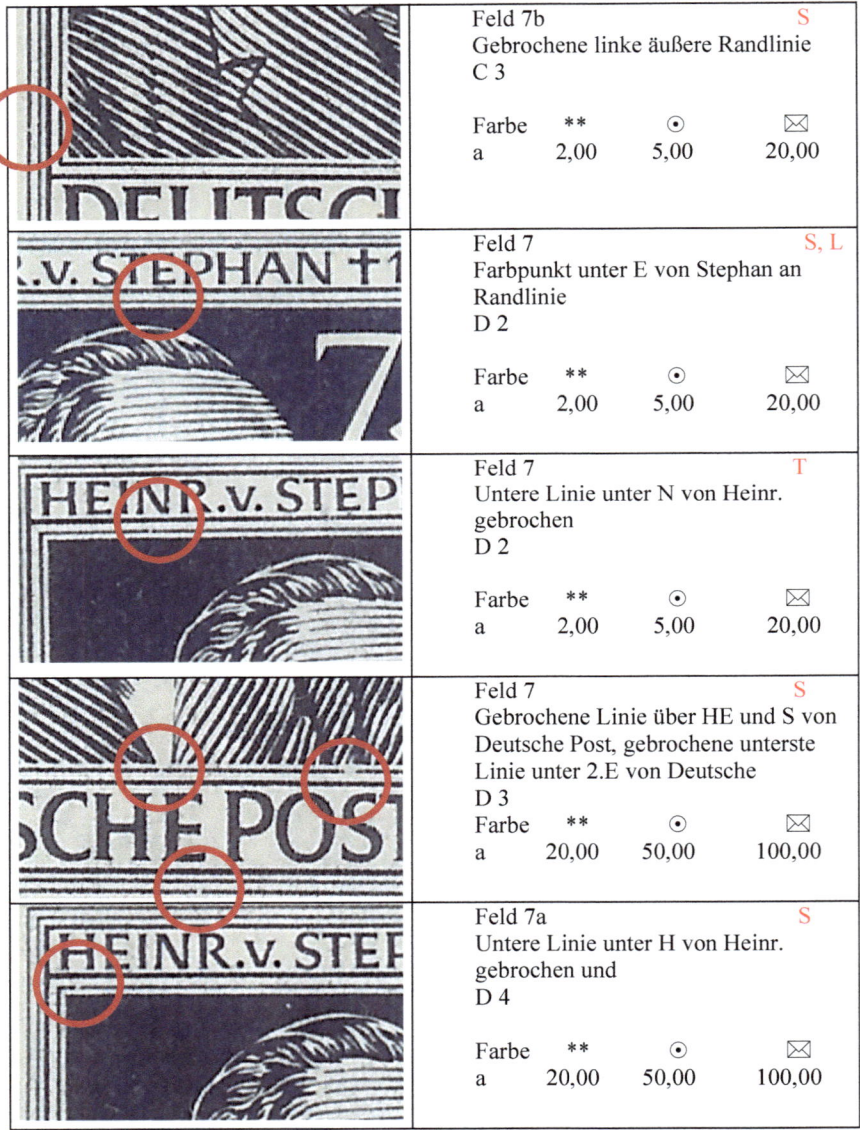

Feld 7b				S
Gebrochene linke äußere Randlinie				
C 3				
Farbe	**	⊙	✉	
a	2,00	5,00	20,00	

Feld 7				S, L
Farbpunkt unter E von Stephan an Randlinie				
D 2				
Farbe	**	⊙	✉	
a	2,00	5,00	20,00	

Feld 7				T
Untere Linie unter N von Heinr. gebrochen				
D 2				
Farbe	**	⊙	✉	
a	2,00	5,00	20,00	

Feld 7				S
Gebrochene Linie über HE und S von Deutsche Post, gebrochene unterste Linie unter 2.E von Deutsche				
D 3				
Farbe	**	⊙	✉	
a	20,00	50,00	100,00	

Feld 7a				S
Untere Linie unter H von Heinr. gebrochen und				
D 4				
Farbe	**	⊙	✉	
a	20,00	50,00	100,00	

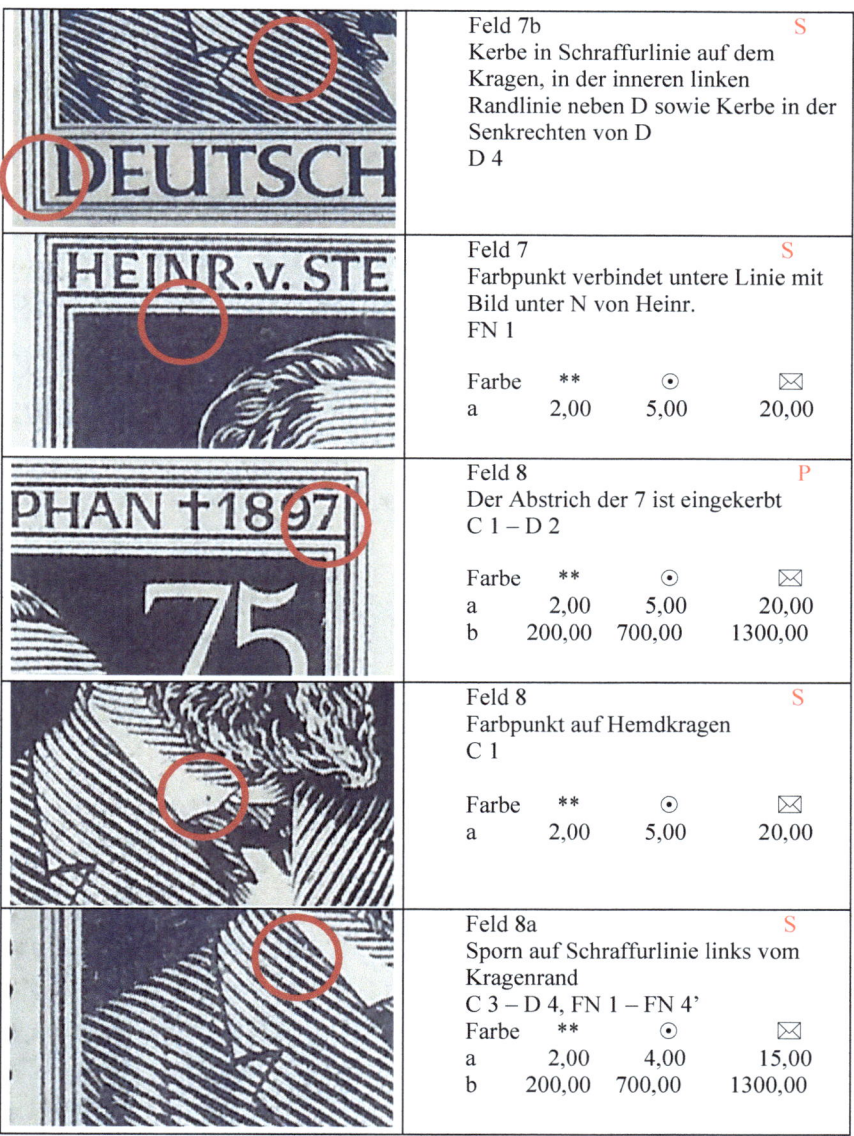

	Feld 7b S Kerbe in Schraffurlinie auf dem Kragen, in der inneren linken Randlinie neben D sowie Kerbe in der Senkrechten von D D 4
	Feld 7 S Farbpunkt verbindet untere Linie mit Bild unter N von Heinr. FN 1 Farbe ** ⊙ ✉ a 2,00 5,00 20,00
	Feld 8 P Der Abstrich der 7 ist eingekerbt C 1 – D 2 Farbe ** ⊙ ✉ a 2,00 5,00 20,00 b 200,00 700,00 1300,00
	Feld 8 S Farbpunkt auf Hemdkragen C 1 Farbe ** ⊙ ✉ a 2,00 5,00 20,00
	Feld 8a S Sporn auf Schraffurlinie links vom Kragenrand C 3 – D 4, FN 1 – FN 4' Farbe ** ⊙ ✉ a 2,00 4,00 15,00 b 200,00 700,00 1300,00

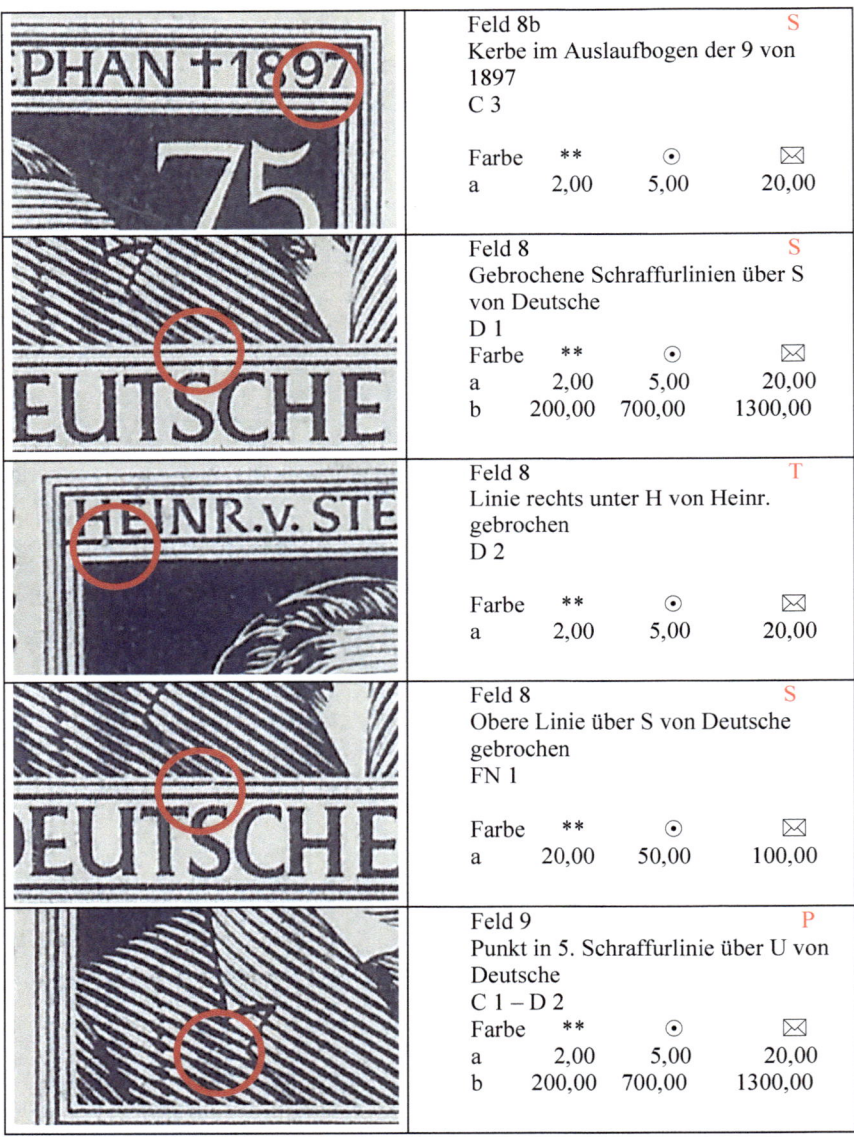

Feld 8b			S
Kerbe im Auslaufbogen der 9 von 1897			
C 3			
Farbe	**	⊙	✉
a	2,00	5,00	20,00

Feld 8			S
Gebrochene Schraffurlinien über S von Deutsche			
D 1			
Farbe	**	⊙	✉
a	2,00	5,00	20,00
b	200,00	700,00	1300,00

Feld 8			T
Linie rechts unter H von Heinr. gebrochen			
D 2			
Farbe	**	⊙	✉
a	2,00	5,00	20,00

Feld 8			S
Obere Linie über S von Deutsche gebrochen			
FN 1			
Farbe	**	⊙	✉
a	20,00	50,00	100,00

Feld 9			P
Punkt in 5. Schraffurlinie über U von Deutsche			
C 1 – D 2			
Farbe	**	⊙	✉
a	2,00	5,00	20,00
b	200,00	700,00	1300,00

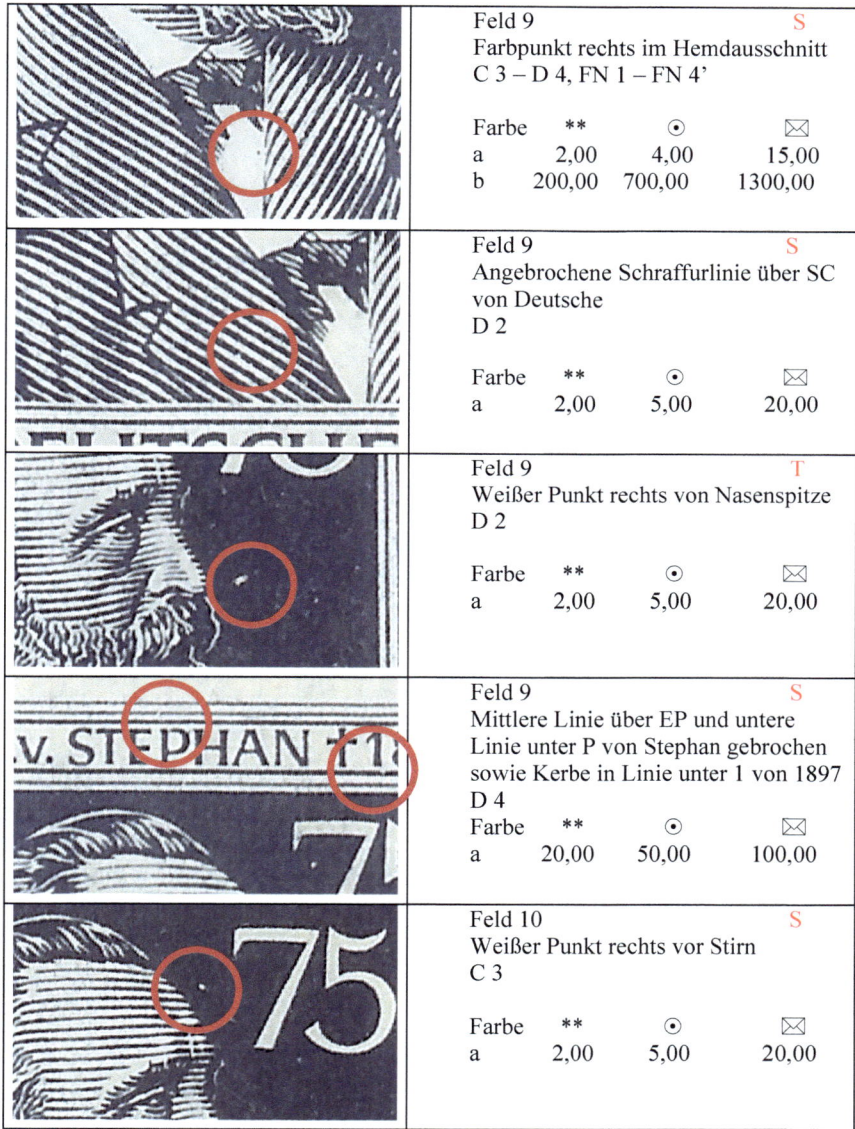

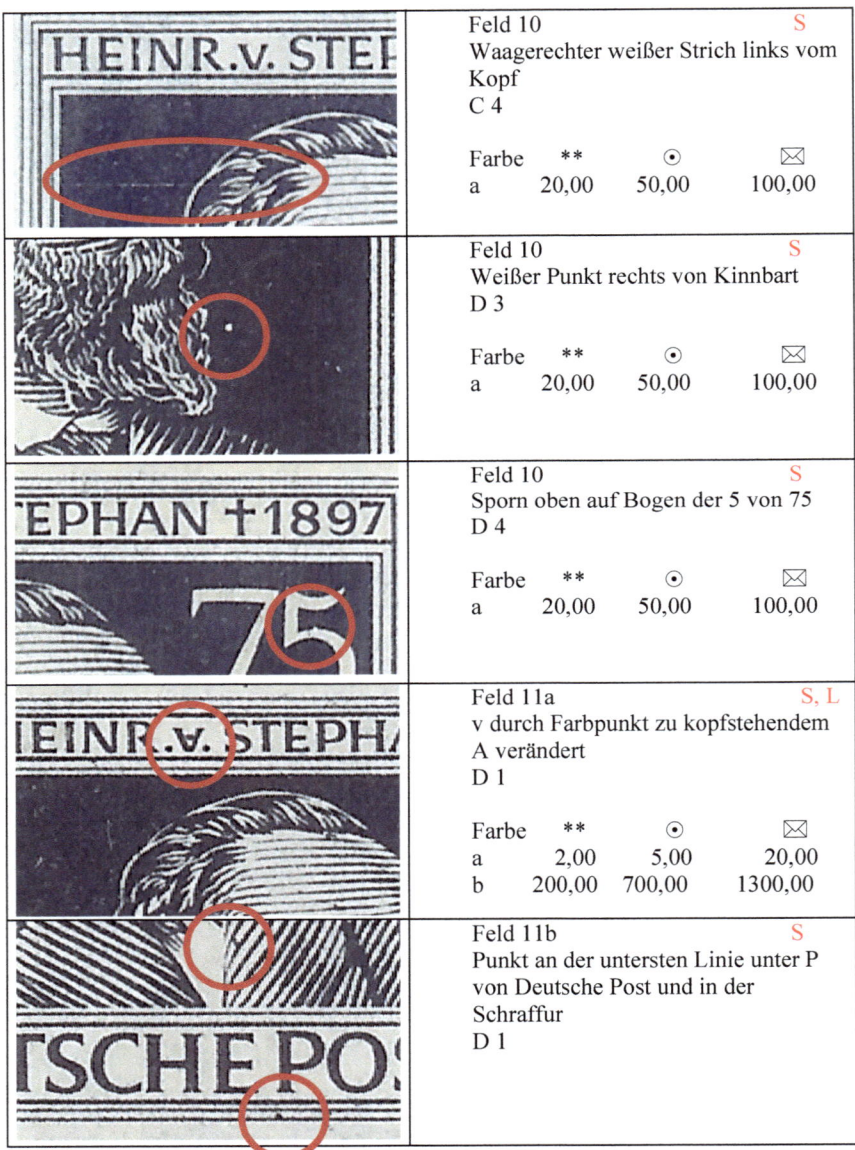

Feld 10 S Waagerechter weißer Strich links vom Kopf C 4 Farbe ** ⊙ ✉ a 20,00 50,00 100,00	
Feld 10 S Weißer Punkt rechts von Kinnbart D 3 Farbe ** ⊙ ✉ a 20,00 50,00 100,00	
Feld 10 S Sporn oben auf Bogen der 5 von 75 D 4 Farbe ** ⊙ ✉ a 20,00 50,00 100,00	
Feld 11a S, L v durch Farbpunkt zu kopfstehendem A verändert D 1 Farbe ** ⊙ ✉ a 2,00 5,00 20,00 b 200,00 700,00 1300,00	
Feld 11b S Punkt an der untersten Linie unter P von Deutsche Post und in der Schraffur D 1	

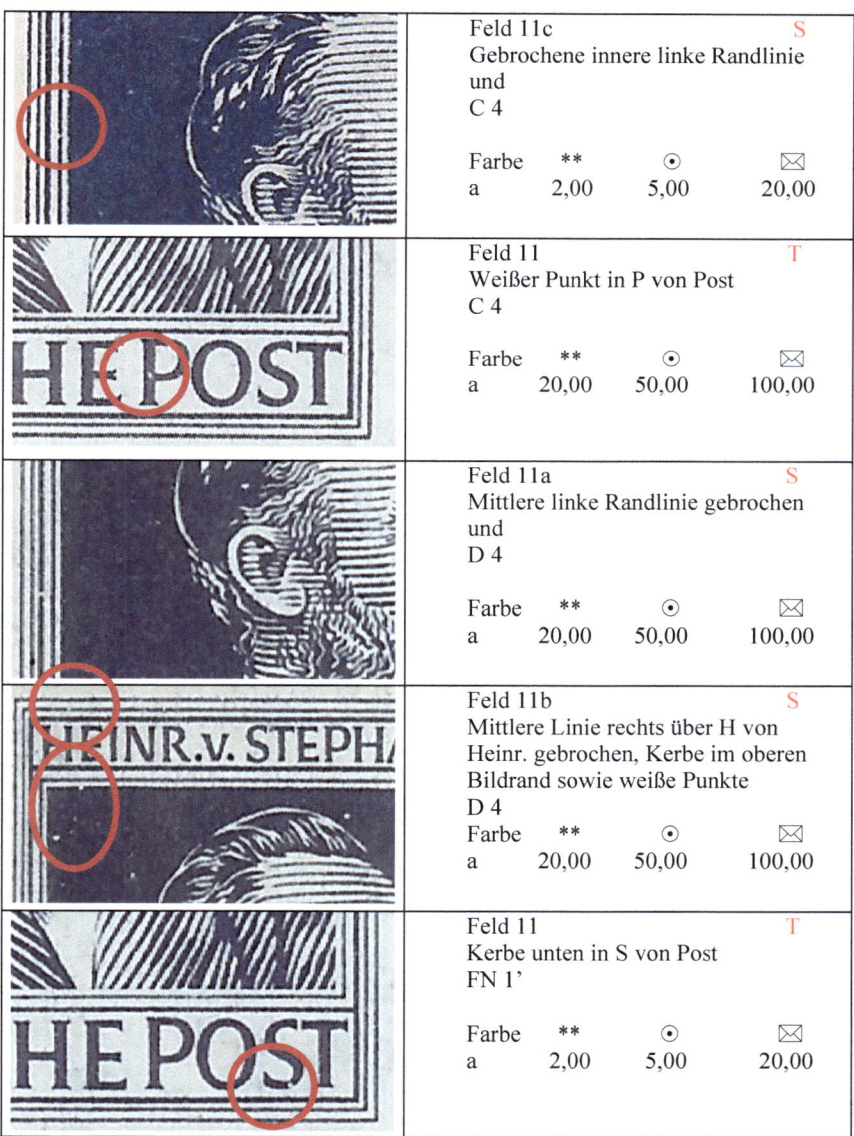

Feld 11c S Gebrochene innere linke Randlinie und C 4	
Farbe ** ⊙ ✉ a 2,00 5,00 20,00	
Feld 11 T Weißer Punkt in P von Post C 4	
Farbe ** ⊙ ✉ a 20,00 50,00 100,00	
Feld 11a S Mittlere linke Randlinie gebrochen und D 4	
Farbe ** ⊙ ✉ a 20,00 50,00 100,00	
Feld 11b S Mittlere Linie rechts über H von Heinr. gebrochen, Kerbe im oberen Bildrand sowie weiße Punkte D 4	
Farbe ** ⊙ ✉ a 20,00 50,00 100,00	
Feld 11 T Kerbe unten in S von Post FN 1'	
Farbe ** ⊙ ✉ a 2,00 5,00 20,00	

Feld 12a S Gebrochene linke mittlere Randlinie und C 3 Farbe ** ⊙ ✉ a 2,00 5,00 20,00	
Feld 12b S Gebrochene rechte äußere Randlinie in Höhe der 75 sowie C 3	
Feld 12c S Gebrochene Schraffurlinie und in der selben Linie weiter unten weißer Punkt C 3	
Feld 12 S Angebrochene Linie unter dem Kreuz C 4 Farbe ** ⊙ ✉ a 20,00 50,00 100,00	
Feld 12 T Weißer Punkt über Haar unter P von Stephan D 1 Farbe ** ⊙ ✉ a 2,00 5,00 20,00 b 200,00 700,00 1300,00	

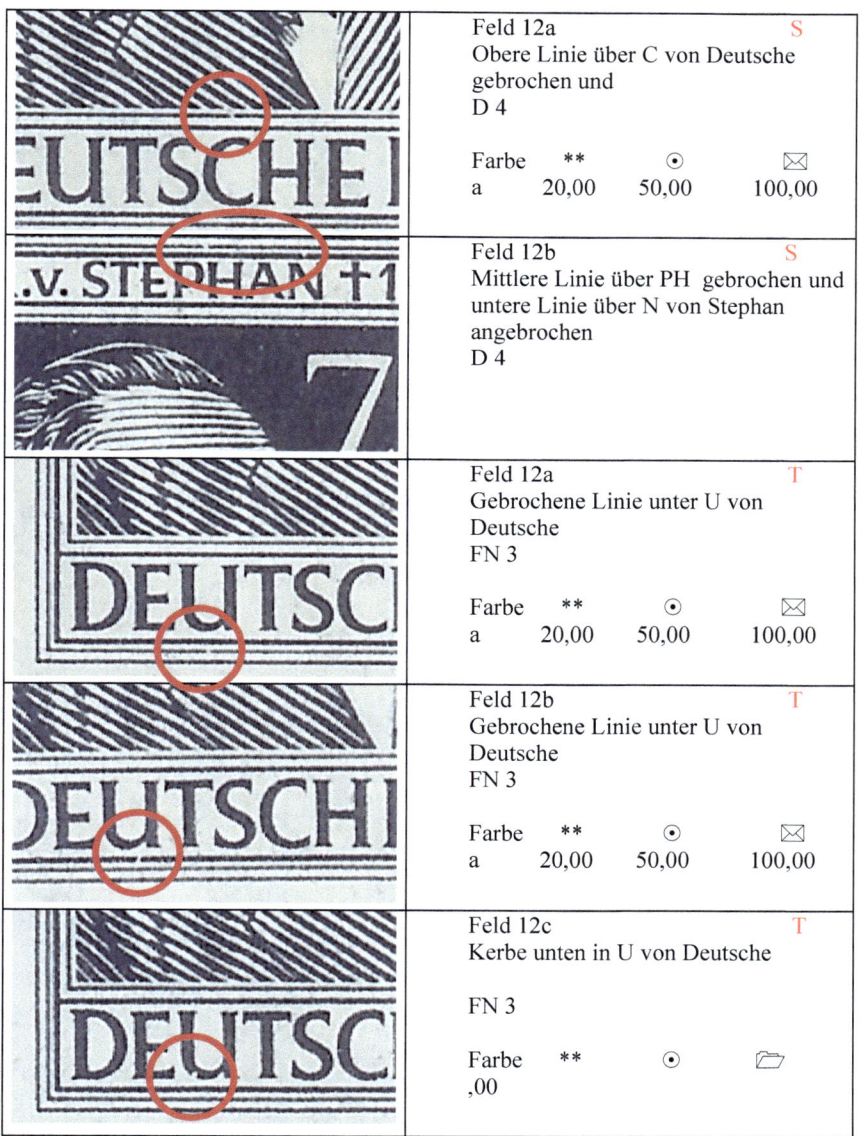

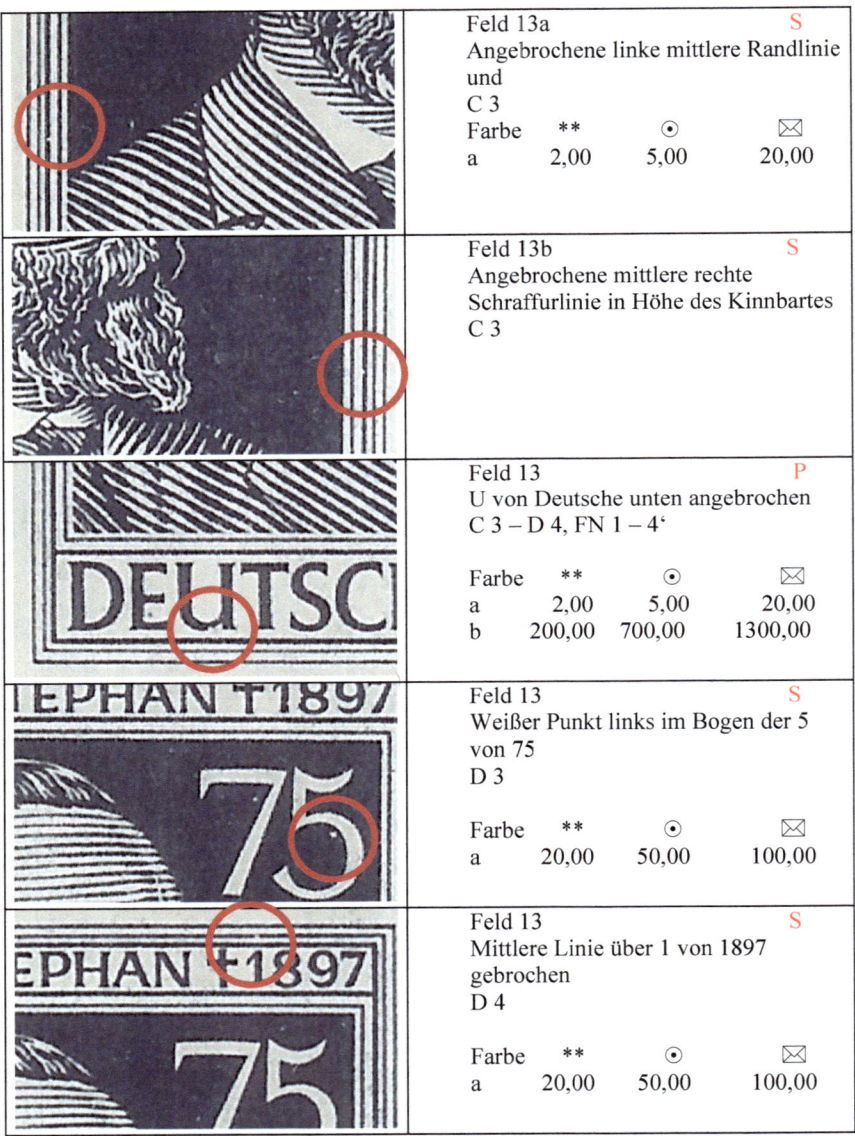

Feld 13a S Angebrochene linke mittlere Randlinie und C 3 Farbe ** ⊙ ✉ a 2,00 5,00 20,00	
Feld 13b S Angebrochene mittlere rechte Schraffurlinie in Höhe des Kinnbartes C 3	
Feld 13 P U von Deutsche unten angebrochen C 3 – D 4, FN 1 – 4' Farbe ** ⊙ ✉ a 2,00 5,00 20,00 b 200,00 700,00 1300,00	
Feld 13 S Weißer Punkt links im Bogen der 5 von 75 D 3 Farbe ** ⊙ ✉ a 20,00 50,00 100,00	
Feld 13 S Mittlere Linie über 1 von 1897 gebrochen D 4 Farbe ** ⊙ ✉ a 20,00 50,00 100,00	

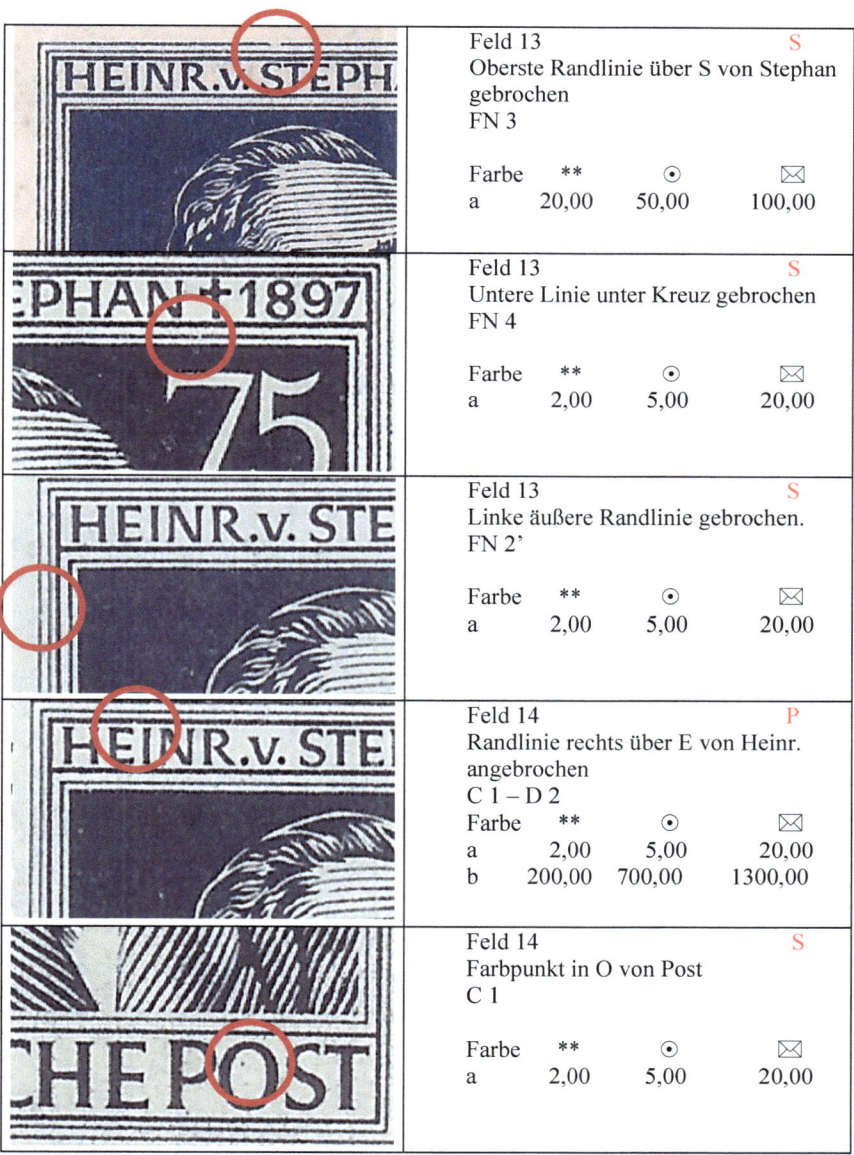	Feld 13 S Oberste Randlinie über S von Stephan gebrochen FN 3 Farbe ** ⊙ ✉ a 20,00 50,00 100,00
	Feld 13 S Untere Linie unter Kreuz gebrochen FN 4 Farbe ** ⊙ ✉ a 2,00 5,00 20,00
	Feld 13 S Linke äußere Randlinie gebrochen. FN 2' Farbe ** ⊙ ✉ a 2,00 5,00 20,00
	Feld 14 P Randlinie rechts über E von Heinr. angebrochen C 1 – D 2 Farbe ** ⊙ ✉ a 2,00 5,00 20,00 b 200,00 700,00 1300,00
	Feld 14 S Farbpunkt in O von Post C 1 Farbe ** ⊙ ✉ a 2,00 5,00 20,00

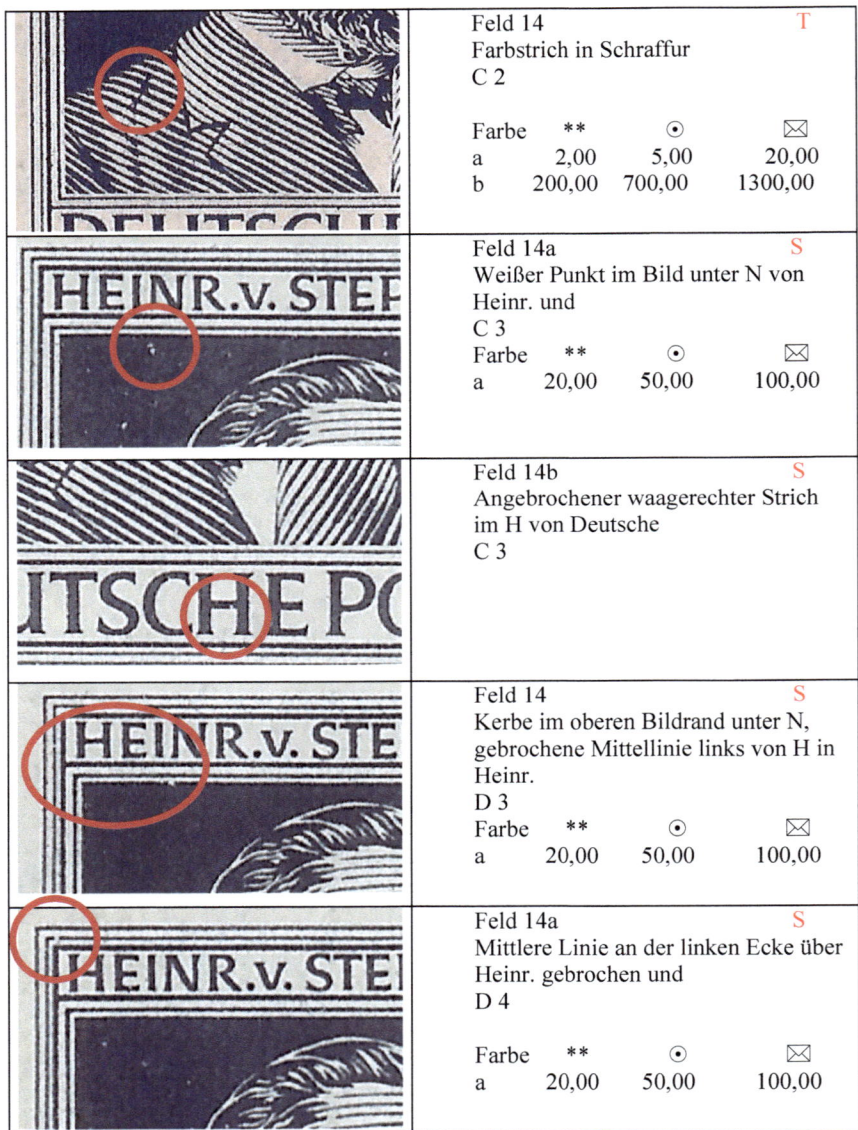

Feld 14 Farbstrich in Schraffur C 2	T

Farbe	**	⊙	✉
a	2,00	5,00	20,00
b	200,00	700,00	1300,00

Feld 14a Weißer Punkt im Bild unter N von Heinr. und C 3	S

Farbe	**	⊙	✉
a	20,00	50,00	100,00

Feld 14b Angebrochener waagerechter Strich im H von Deutsche C 3	S

Feld 14 Kerbe im oberen Bildrand unter N, gebrochene Mittellinie links von H in Heinr. D 3	S

Farbe	**	⊙	✉
a	20,00	50,00	100,00

Feld 14a Mittlere Linie an der linken Ecke über Heinr. gebrochen und D 4	S

Farbe	**	⊙	✉
a	20,00	50,00	100,00

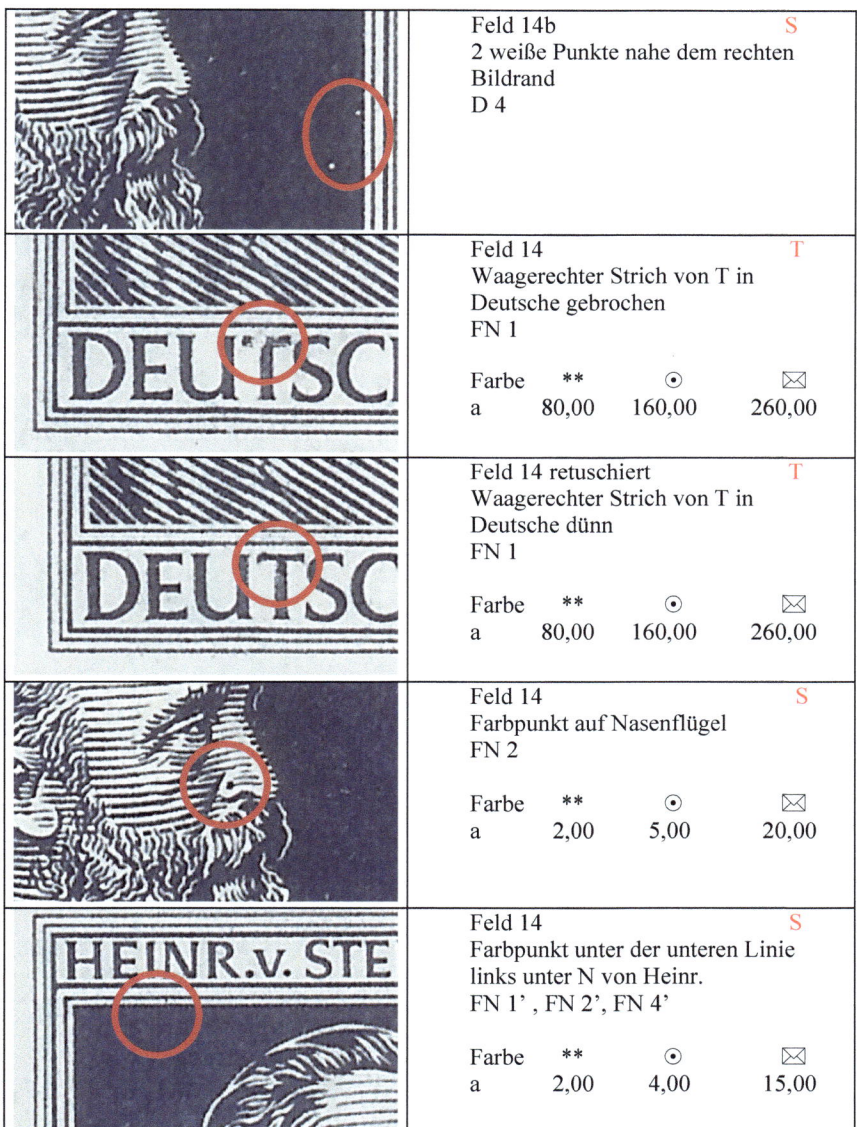

Feld 14b	S
2 weiße Punkte nahe dem rechten Bildrand	
D 4	

Feld 14			T
Waagerechter Strich von T in Deutsche gebrochen			
FN 1			
Farbe	**	⊙	✉
a	80,00	160,00	260,00

Feld 14 retuschiert			T
Waagerechter Strich von T in Deutsche dünn			
FN 1			
Farbe	**	⊙	✉
a	80,00	160,00	260,00

Feld 14			S
Farbpunkt auf Nasenflügel			
FN 2			
Farbe	**	⊙	✉
a	2,00	5,00	20,00

Feld 14			S
Farbpunkt unter der unteren Linie links unter N von Heinr.			
FN 1', FN 2', FN 4'			
Farbe	**	⊙	✉
a	2,00	4,00	15,00

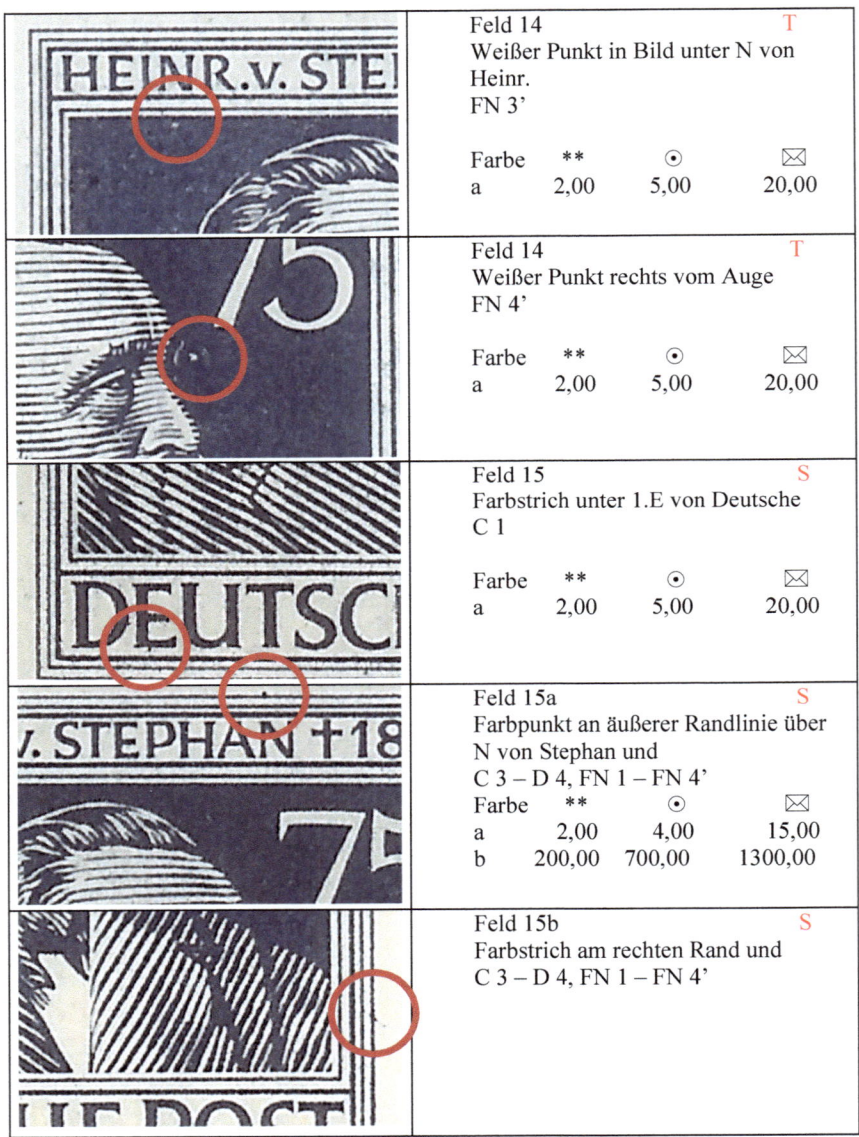

Feld 14   T
Weißer Punkt in Bild unter N von Heinr.
FN 3'

Farbe	**	⊙	✉
a	2,00	5,00	20,00

Feld 14   T
Weißer Punkt rechts vom Auge
FN 4'

Farbe	**	⊙	✉
a	2,00	5,00	20,00

Feld 15   S
Farbstrich unter 1.E von Deutsche
C 1

Farbe	**	⊙	✉
a	2,00	5,00	20,00

Feld 15a   S
Farbpunkt an äußerer Randlinie über N von Stephan und
C 3 – D 4, FN 1 – FN 4'

Farbe	**	⊙	✉
a	2,00	4,00	15,00
b	200,00	700,00	1300,00

Feld 15b   S
Farbstrich am rechten Rand und
C 3 – D 4, FN 1 – FN 4'

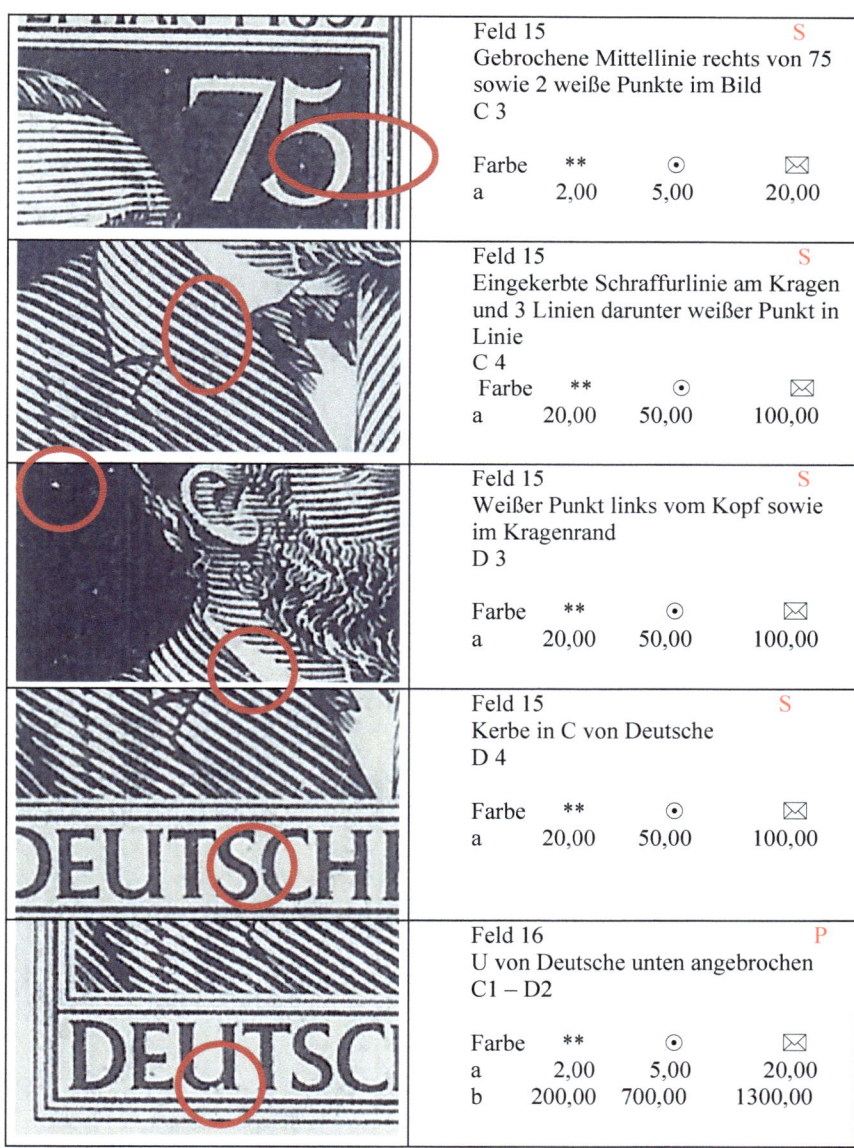

Feld 15			S
Gebrochene Mittellinie rechts von 75 sowie 2 weiße Punkte im Bild			
C 3			
Farbe	**	⊙	✉
a	2,00	5,00	20,00

Feld 15			S
Eingekerbte Schraffurlinie am Kragen und 3 Linien darunter weißer Punkt in Linie			
C 4			
Farbe	**	⊙	✉
a	20,00	50,00	100,00

Feld 15			S
Weißer Punkt links vom Kopf sowie im Kragenrand			
D 3			
Farbe	**	⊙	✉
a	20,00	50,00	100,00

Feld 15			S
Kerbe in C von Deutsche			
D 4			
Farbe	**	⊙	✉
a	20,00	50,00	100,00

Feld 16			P
U von Deutsche unten angebrochen			
C1 – D2			
Farbe	**	⊙	✉
a	2,00	5,00	20,00
b	200,00	700,00	1300,00

	Feld 16 S Farbstrich an 2.E von Deutsche C 1 Farbe ** ⊙ ✉ a 2,00 5,00 20,00
	Feld 16 S, L Farbstrich durch O von Post und Rand C 2 Farbe ** ⊙ ✉ a 2,00 5,00 20,00
	Feld 16a S Ausbuchtung am senkrechten Strich von P in Post und C 3 – D 4, FN 2, FN 4' Farbe ** ⊙ ✉ a 2,00 4,00 15,00
	Feld 16b S Weißer Punkt in H von Deutsche C 3 – D 4, FN 2, FN 4'
	Feld 16 S Angebrochene Linie unter UT und P von Deutsche Post C 4 Farbe ** ⊙ ✉ a 20,00 50,00 100,00

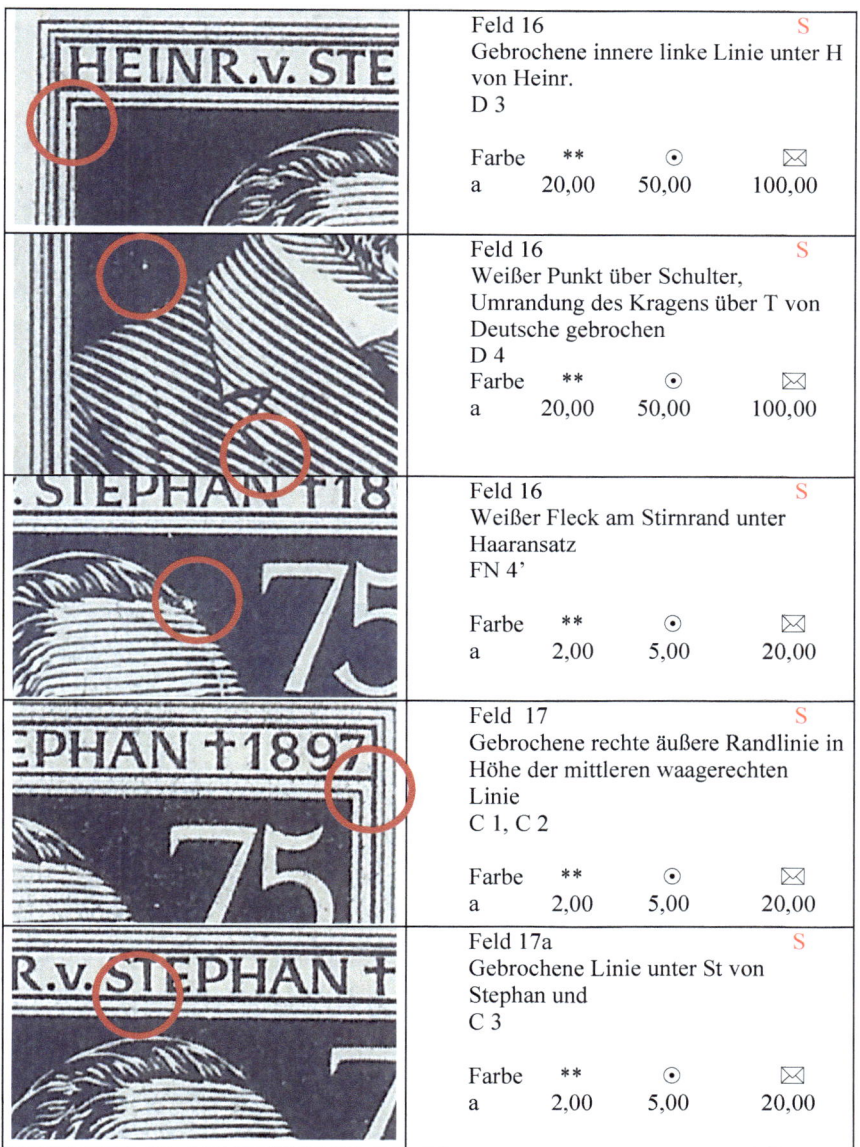

Feld 16 S Gebrochene innere linke Linie unter H von Heinr. D 3	Farbe ** ⊙ ✉ a 20,00 50,00 100,00
Feld 16 S Weißer Punkt über Schulter, Umrandung des Kragens über T von Deutsche gebrochen D 4	Farbe ** ⊙ ✉ a 20,00 50,00 100,00
Feld 16 S Weißer Fleck am Stirnrand unter Haaransatz FN 4'	Farbe ** ⊙ ✉ a 2,00 5,00 20,00
Feld 17 S Gebrochene rechte äußere Randlinie in Höhe der mittleren waagerechten Linie C 1, C 2	Farbe ** ⊙ ✉ a 2,00 5,00 20,00
Feld 17a S Gebrochene Linie unter St von Stephan und C 3	Farbe ** ⊙ ✉ a 2,00 5,00 20,00

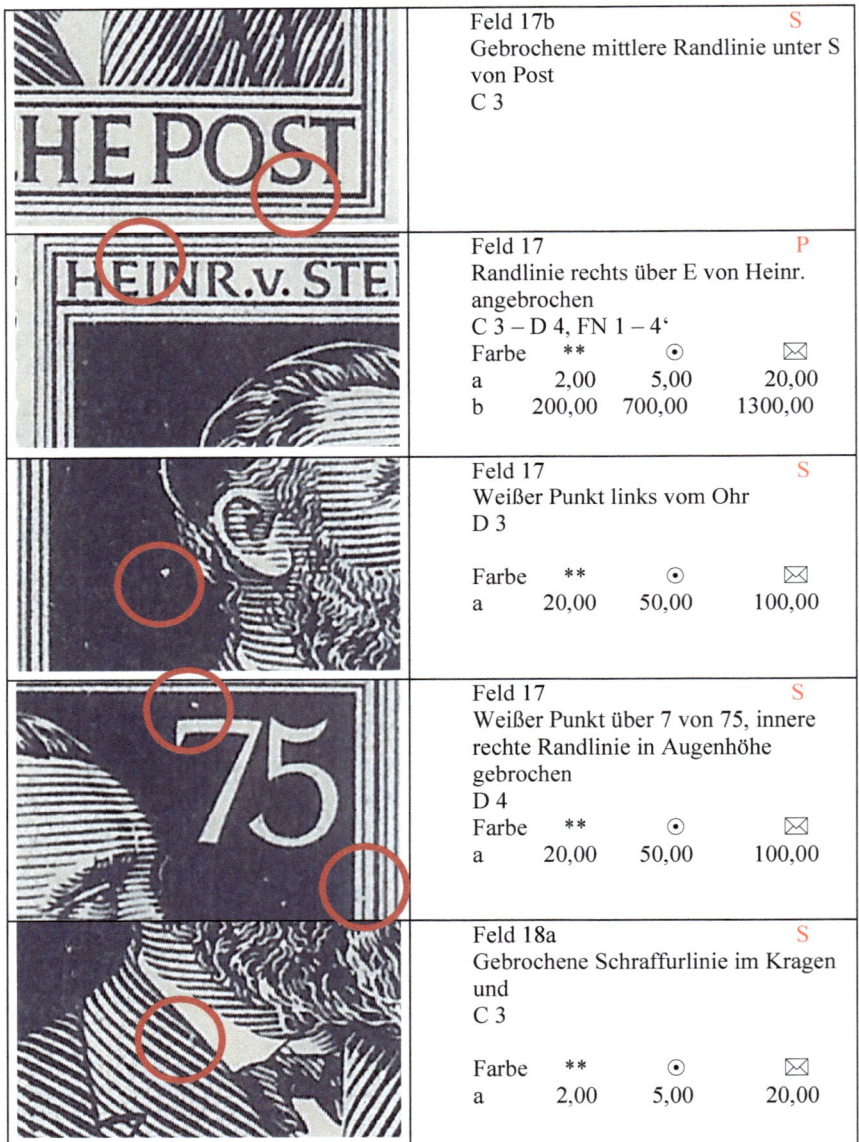

Feld 17b S Gebrochene mittlere Randlinie unter S von Post C 3	

Feld 17   P
Randlinie rechts über E von Heinr. angebrochen
C 3 – D 4, FN 1 – 4'

Farbe	**	⊙	✉
a	2,00	5,00	20,00
b	200,00	700,00	1300,00

Feld 17   S
Weißer Punkt links vom Ohr
D 3

Farbe	**	⊙	✉
a	20,00	50,00	100,00

Feld 17   S
Weißer Punkt über 7 von 75, innere rechte Randlinie in Augenhöhe gebrochen
D 4

Farbe	**	⊙	✉
a	20,00	50,00	100,00

Feld 18a   S
Gebrochene Schraffurlinie im Kragen und
C 3

Farbe	**	⊙	✉
a	2,00	5,00	20,00

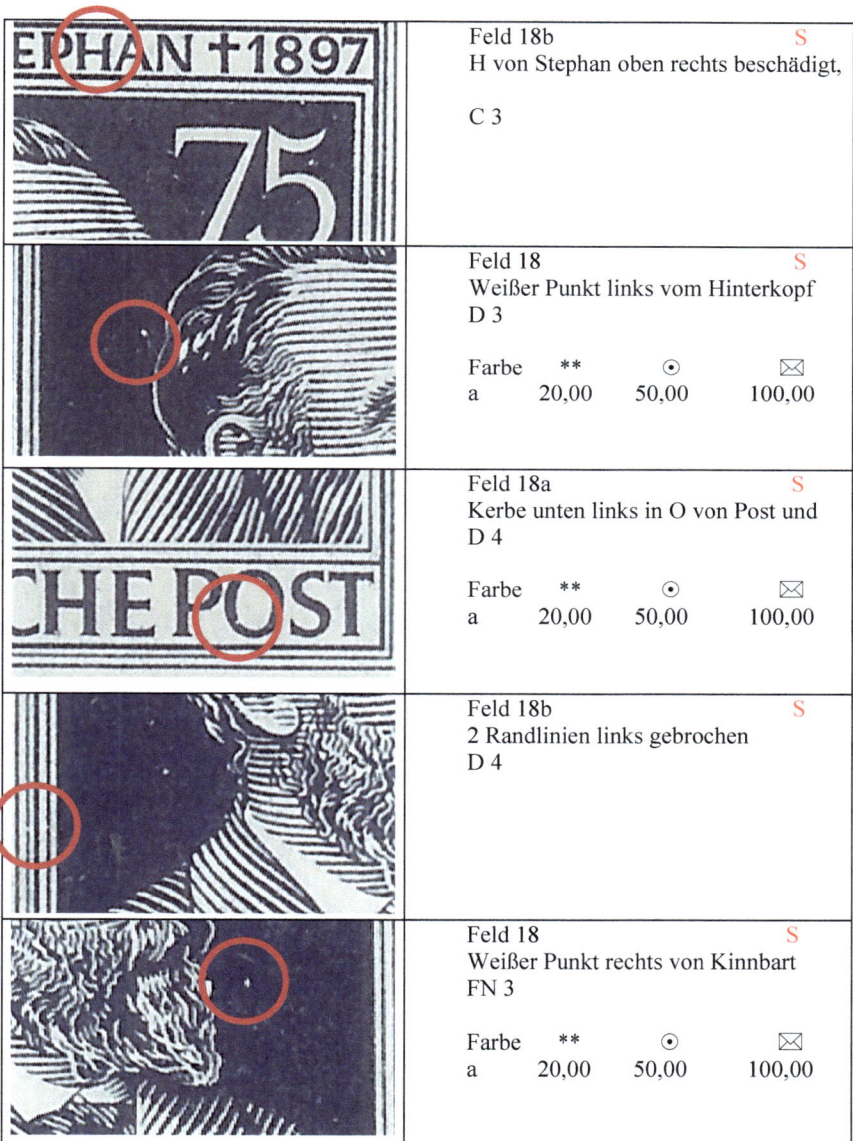

Feld 18b S H von Stephan oben rechts beschädigt, C 3	
Feld 18 S Weißer Punkt links vom Hinterkopf D 3 Farbe ** ⊙ ✉ a 20,00 50,00 100,00	
Feld 18a S Kerbe unten links in O von Post und D 4 Farbe ** ⊙ ✉ a 20,00 50,00 100,00	
Feld 18b S 2 Randlinien links gebrochen D 4	
Feld 18 S Weißer Punkt rechts von Kinnbart FN 3 Farbe ** ⊙ ✉ a 20,00 50,00 100,00	

Feld 19			S
Kerbe in I von Heinr.			
C 2			
Farbe	**	⊙	✉
a	2,00	5,00	20,00

Feld 19			S
Weißer Punkt rechts unter N von Heinr.			
C 3			
Farbe	**	⊙	✉
a	2,00	5,00	20,00

Feld 19			S
Farbpunkt zwischen den Linien über 2.E von Deutsche			
D 1, D 2			
Farbe	**	⊙	✉
a	2,00	5,00	20,00
b	200,00	700,00	1300,00

Feld 19			S
Gebrochene Schraffurlinie über PO von Post			
D 3			
Farbe	**	⊙	✉
a	20,00	50,00	100,00

Feld 19			S
Schraffurlinie unter Bartspitze gebrochen			
FN 1			
Farbe	**	⊙	✉
a	20,00	50,00	100,00

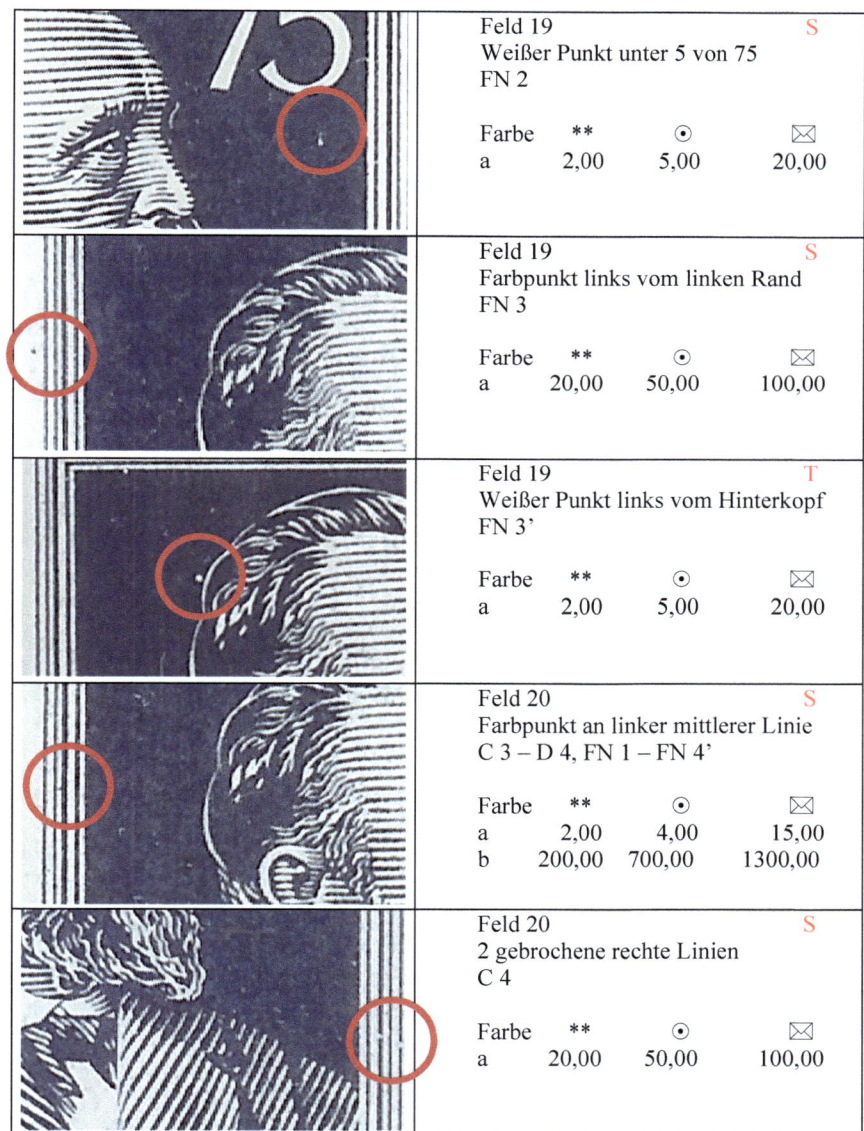

Feld 19			S
Weißer Punkt unter 5 von 75			
FN 2			
Farbe	**	⊙	✉
a	2,00	5,00	20,00

Feld 19			S
Farbpunkt links vom linken Rand			
FN 3			
Farbe	**	⊙	✉
a	20,00	50,00	100,00

Feld 19			T
Weißer Punkt links vom Hinterkopf			
FN 3'			
Farbe	**	⊙	✉
a	2,00	5,00	20,00

Feld 20			S
Farbpunkt an linker mittlerer Linie			
C 3 – D 4, FN 1 – FN 4'			
Farbe	**	⊙	✉
a	2,00	4,00	15,00
b	200,00	700,00	1300,00

Feld 20			S
2 gebrochene rechte Linien			
C 4			
Farbe	**	⊙	✉
a	20,00	50,00	100,00

	Feld 20 T Weißer Punkt unter IN von Heinr. D 1 Farbe ** ⊙ ✉ a 2,00 5,00 20,00 b 200,00 700,00 1300,00
	Feld 20 S Kratzer vom Oberrand schräg zur 75 FN 2 Farbe ** ⊙ ✉ a 2,00 5,00 20,00
	Feld 21 S Farbpunkt rechts von der 7 von 1897 C 3 – D 4, FN 2, FN 4' Farbe ** ⊙ ✉ a 2,00 4,00 15,00
	Feld 21 S Gebrochene Schraffurlinie unterhalb Bartspitze C 3 Farbe ** ⊙ ✉ a 2,00 5,00 20,00
	Feld 21 S Zweite äußere rechte Randlinie gebrochen in Höhe der Augen C 4 Farbe ** ⊙ ✉ a 20,00 50,00 100,00

Feld 21 S, L Farbfleck rechts unten am A von Stephan D 1 Farbe ** ⊙ ✉ a 2,00 5,00 20,00 b 200,00 700,00 1300,00	
Feld 21 T Kerbe im Oberrand des Bildes unter 1 von 1897 D 2 Farbe ** ⊙ ✉ a 2,00 5,00 20,00	
Feld 21 S Gebrochene Linie unter N von Stephan D 3 Farbe ** ⊙ ✉ a 20,00 50,00 100,00	
Feld 21 S Linie unter P von Stephan eingekerbt D 4 Farbe ** ⊙ ✉ a 20,00 50,00 100,00	
Feld 21a T Weißer Fleck oben im Bild unter N von Stephan - Variante 2 FN 3, FN 3' Farbe ** ⊙ ✉ a 2,00 5,00 20,00	

	Feld 21b T Weißer Fleck oben im Bild unter N von Stephan - Variante 3 FN 3, FN 3' Farbe ** ⊙ ✉ a 2,00 5,00 20,00
	Feld 21c T Weißer Fleck oben im Bild unter N von Stephan - Variante 4 FN 3, FN 3' Farbe ** ⊙ ✉ a 2,00 5,00 20,00
	Feld 21 S Fuß des P von Post beschädigt FN 4 Farbe ** ⊙ ✉ a 2,00 5,00 20,00 b 200,00 700,00 1300,00
	Feld 21 T Mittlere Schraffurlinie über 97 von 1897 gebrochen FN 1' Farbe ** ⊙ ✉ a 2,00 5,00 20,00
	Feld 22 S Angebrochene Linie über D von Deutsche C 3 – D 4, FN 1 – FN 4' Farbe ** ⊙ ✉ a 2,00 4,00 15,00 b 200,00 700,00 1300,00

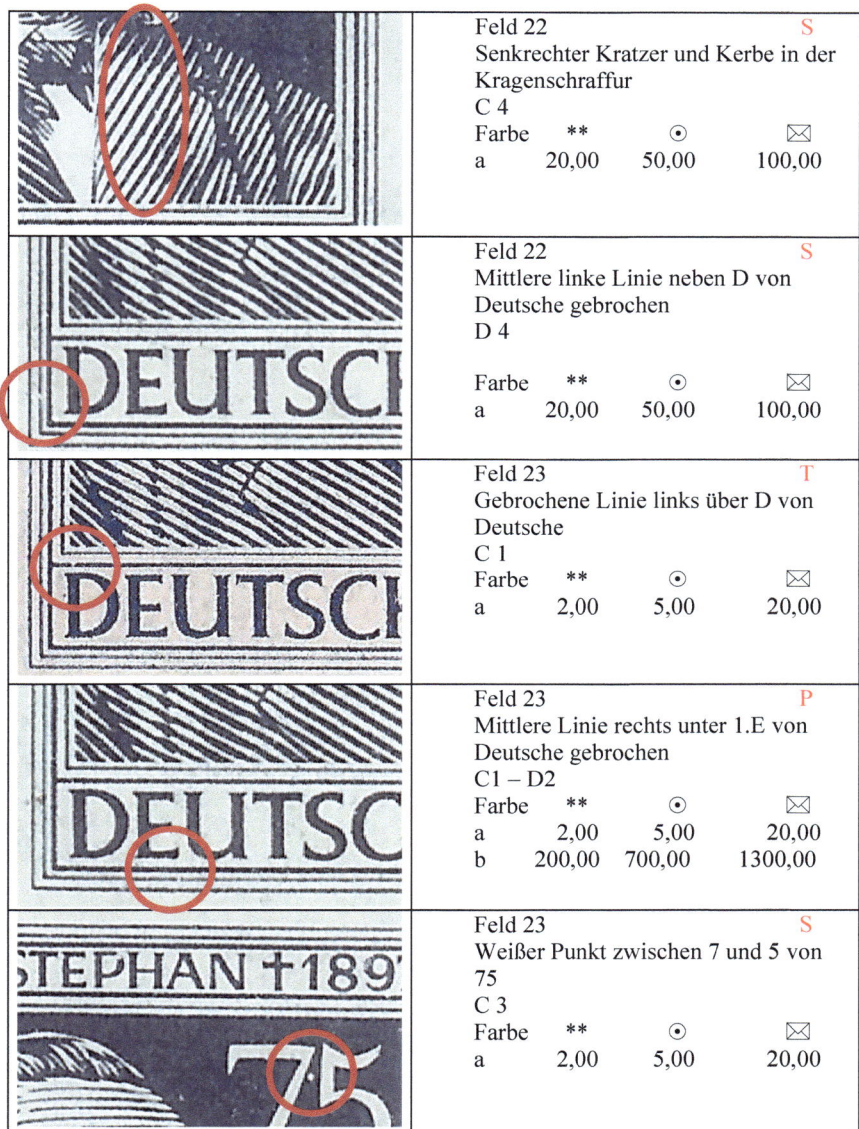

Feld 22 S Senkrechter Kratzer und Kerbe in der Kragenschraffur C 4 Farbe ** ⊙ ✉ a 20,00 50,00 100,00	
Feld 22 S Mittlere linke Linie neben D von Deutsche gebrochen D 4 Farbe ** ⊙ ✉ a 20,00 50,00 100,00	
Feld 23 T Gebrochene Linie links über D von Deutsche C 1 Farbe ** ⊙ ✉ a 2,00 5,00 20,00	
Feld 23 P Mittlere Linie rechts unter 1.E von Deutsche gebrochen C1 – D2 Farbe ** ⊙ ✉ a 2,00 5,00 20,00 b 200,00 700,00 1300,00	
Feld 23 S Weißer Punkt zwischen 7 und 5 von 75 C 3 Farbe ** ⊙ ✉ a 2,00 5,00 20,00	

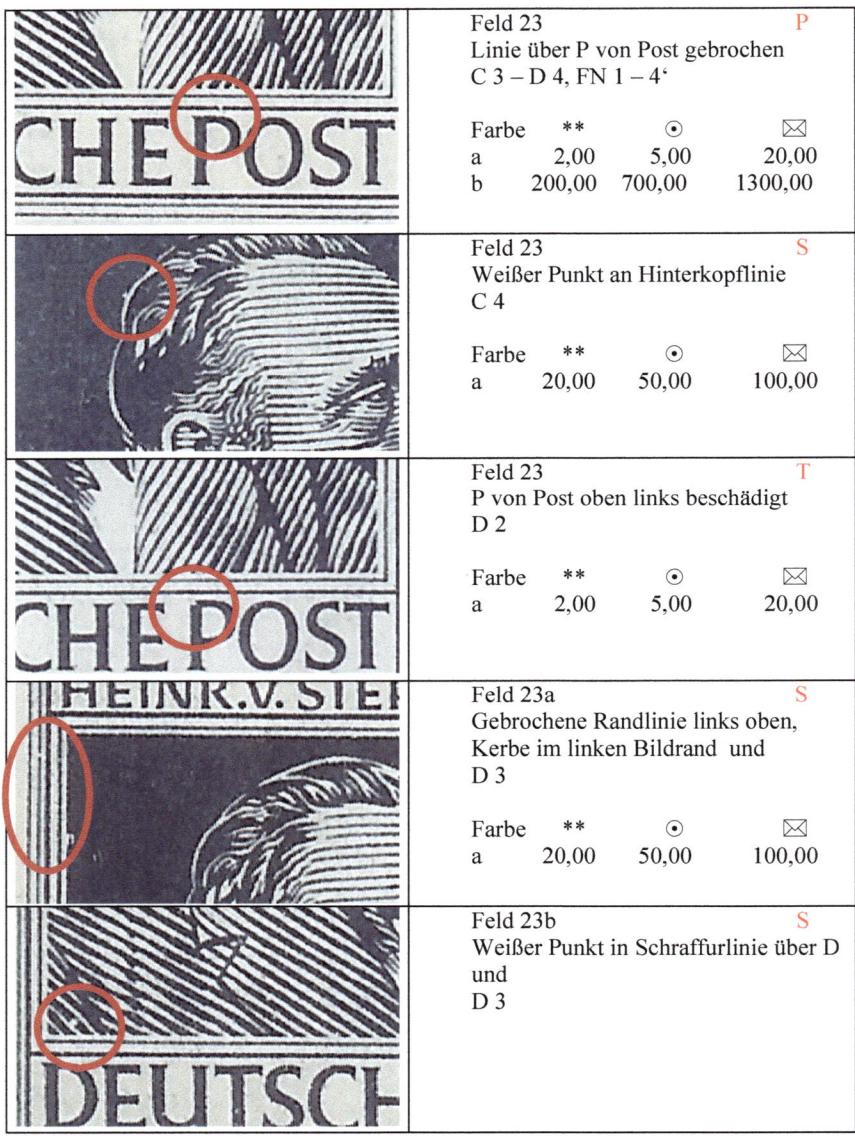

Feld 23 P Linie über P von Post gebrochen C 3 – D 4, FN 1 – 4'	

Farbe	**	⊙	✉
a	2,00	5,00	20,00
b	200,00	700,00	1300,00

Feld 23 S Weißer Punkt an Hinterkopflinie C 4	

Farbe	**	⊙	✉
a	20,00	50,00	100,00

Feld 23 T P von Post oben links beschädigt D 2	

Farbe	**	⊙	✉
a	2,00	5,00	20,00

Feld 23a S Gebrochene Randlinie links oben, Kerbe im linken Bildrand und D 3	

Farbe	**	⊙	✉
a	20,00	50,00	100,00

Feld 23b S Weißer Punkt in Schraffurlinie über D und D 3	

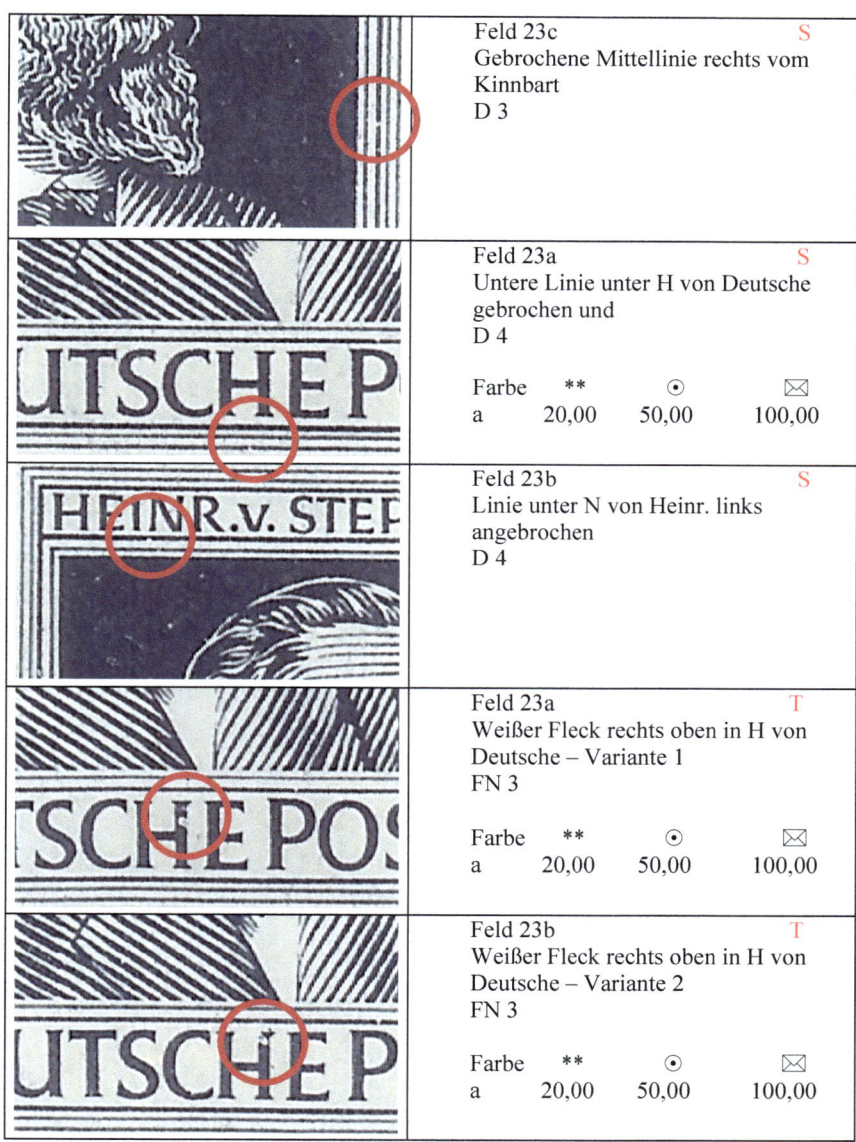

Feld 23c S Gebrochene Mittellinie rechts vom Kinnbart D 3	
Feld 23a S Untere Linie unter H von Deutsche gebrochen und D 4 Farbe ** ⊙ ✉ a 20,00 50,00 100,00	
Feld 23b S Linie unter N von Heinr. links angebrochen D 4	
Feld 23a T Weißer Fleck rechts oben in H von Deutsche – Variante 1 FN 3 Farbe ** ⊙ ✉ a 20,00 50,00 100,00	
Feld 23b T Weißer Fleck rechts oben in H von Deutsche – Variante 2 FN 3 Farbe ** ⊙ ✉ a 20,00 50,00 100,00	

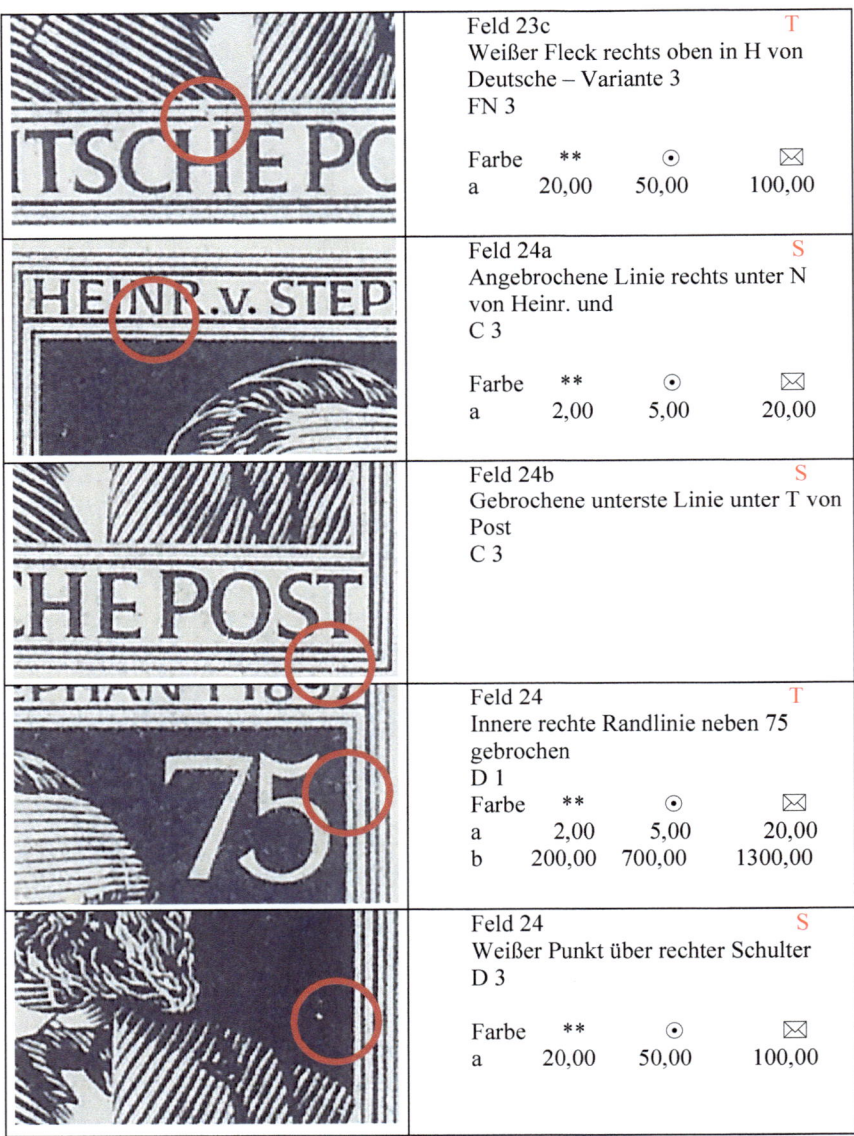

Feld 23c			T
Weißer Fleck rechts oben in H von Deutsche – Variante 3			
FN 3			
Farbe	**	⊙	✉
a	20,00	50,00	100,00

Feld 24a			S
Angebrochene Linie rechts unter N von Heinr. und			
C 3			
Farbe	**	⊙	✉
a	2,00	5,00	20,00

Feld 24b			S
Gebrochene unterste Linie unter T von Post			
C 3			

Feld 24			T
Innere rechte Randlinie neben 75 gebrochen			
D 1			
Farbe	**	⊙	✉
a	2,00	5,00	20,00
b	200,00	700,00	1300,00

Feld 24			S
Weißer Punkt über rechter Schulter			
D 3			
Farbe	**	⊙	✉
a	20,00	50,00	100,00

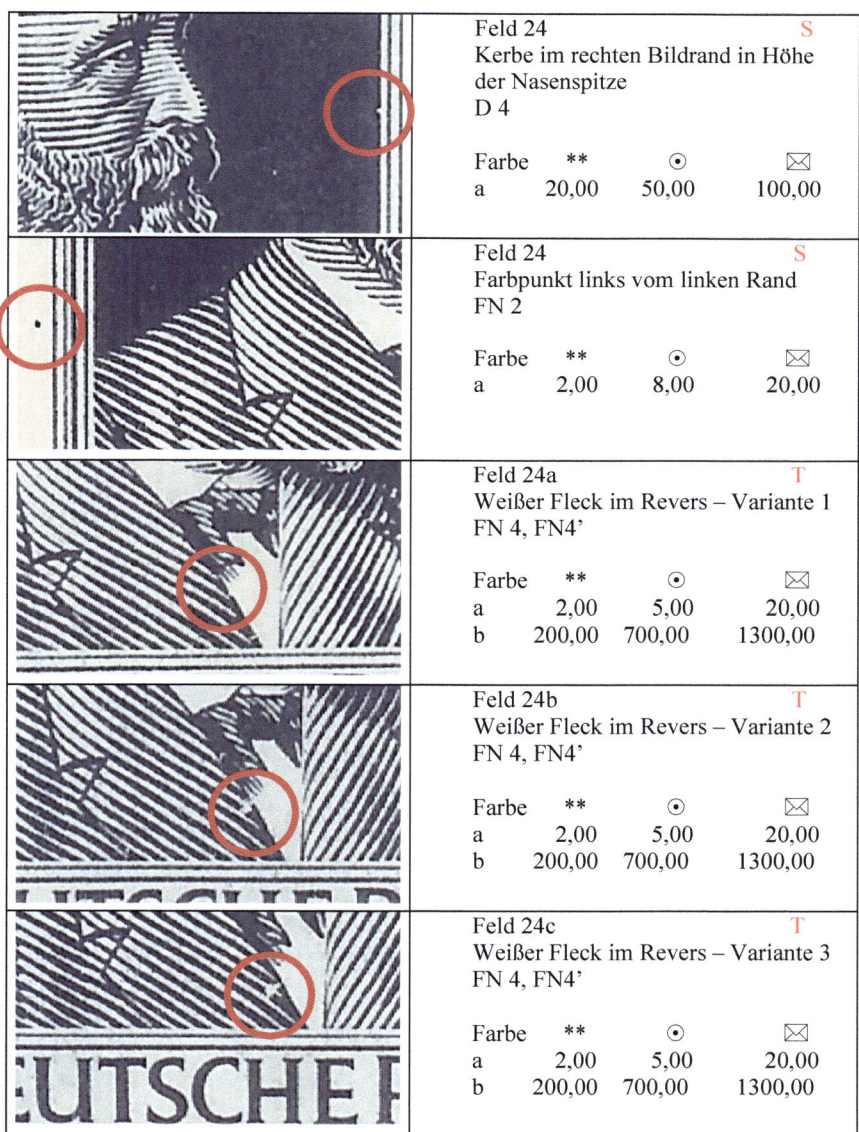

Feld 24 S Kerbe im rechten Bildrand in Höhe der Nasenspitze D 4 Farbe ** ⊙ ✉ a 20,00 50,00 100,00	
Feld 24 S Farbpunkt links vom linken Rand FN 2 Farbe ** ⊙ ✉ a 2,00 8,00 20,00	
Feld 24a T Weißer Fleck im Revers – Variante 1 FN 4, FN4' Farbe ** ⊙ ✉ a 2,00 5,00 20,00 b 200,00 700,00 1300,00	
Feld 24b T Weißer Fleck im Revers – Variante 2 FN 4, FN4' Farbe ** ⊙ ✉ a 2,00 5,00 20,00 b 200,00 700,00 1300,00	
Feld 24c T Weißer Fleck im Revers – Variante 3 FN 4, FN4' Farbe ** ⊙ ✉ a 2,00 5,00 20,00 b 200,00 700,00 1300,00	

	Feld 24d T Weißer Fleck im Revers – Variante 5 FN 4, FN4' Farbe ** ⊙ ✉ a 2,00 5,00 20,00 b 200,00 700,00 1300,00
	Feld 25 T Untere Randlinie unter U von Deutsche gebrochen C 2 Farbe ** ⊙ ✉ a 2,00 5,00 20,00
	Feld 25a S Weißer Punkt links von 7 von 75 und C 3 Farbe ** ⊙ ✉ a 2,00 5,00 20,00
	Feld 25b S Gebrochene Randlinie links C 3
	Feld 25c T Kratzer schräg durch untere Linien und Post zum rechten Rand C 3 Farbe ** ⊙ ✉ a 2,00 5,00 20,00

	Feld 25 **S** Angebrochene Linie über 7 von 1897 C 4 Farbe ** ⊙ ✉ a 20,00 50,00 100,00
	Feld 25 **S** Weißer Punkt rechts von Kinnbart und Kerbe in rechter Mittellinie D 3 Farbe ** ⊙ ✉ a 20,00 50,00 100,00
	Feld 25 **S, L** Weißer Punkt in S von Deutsche D 4 Farbe ** ⊙ ✉ a 20,00 50,00 100,00
	Feld 26 **P** Linie über P von Post gebrochen C 1 – D 2 Farbe ** ⊙ ✉ a 2,00 5,00 20,00 b 200,00 700,00 1300,00
	Feld 26 **S** Farblinie quer durch die Schraffur des Kragens C 2 Farbe ** ⊙ ✉ a 2,00 5,00 20,00

	Feld 26 T Fortsetzung des Kratzer vom linken Rand bis zum U von Deutsche C 3 Farbe ** ⊙ ✉ a 2,00 5,00 20,00
	Feld 26 P Punkt in S von Deutsche C 3 – D 4, FN 1 – 4' Farbe ** ⊙ ✉ a 2,00 5,00 20,00 b 200,00 700,00 1300,00
	Feld 26a S Gebrochene Linie unter 2. E von Deutsche und D 3 Farbe ** ⊙ ✉ a 20,00 50,00 100,00
	Feld 26b S Weiße Punkte links vom Kopf D 3
	Feld 26 S 2. Schraffurlinie auf der Stirn links gebrochen FN 3' Farbe ** ⊙ ✉ a 2,00 5,00 20,00

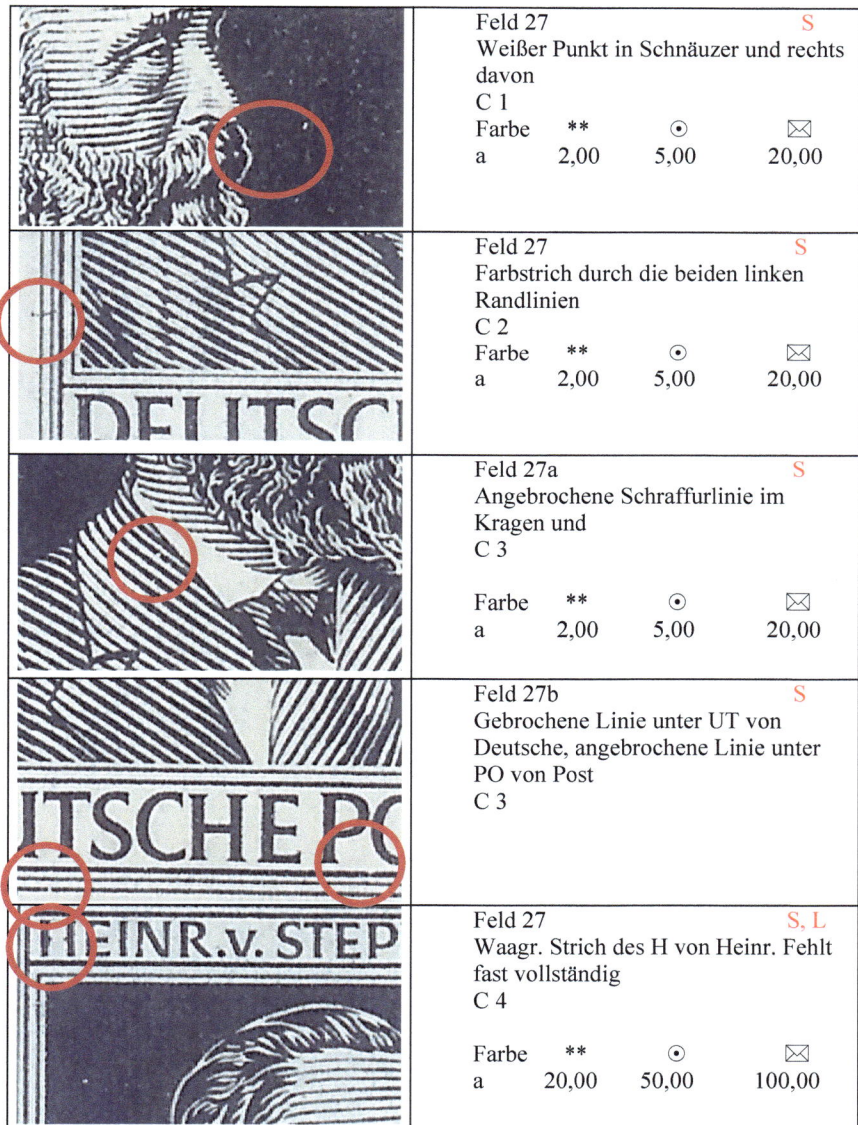

Feld 27	S
Weißer Punkt in Schnäuzer und rechts davon	
C 1	
Farbe ** ⊙ ✉	
a 2,00 5,00 20,00	

Feld 27	S
Farbstrich durch die beiden linken Randlinien	
C 2	
Farbe ** ⊙ ✉	
a 2,00 5,00 20,00	

Feld 27a	S
Angebrochene Schraffurlinie im Kragen und	
C 3	
Farbe ** ⊙ ✉	
a 2,00 5,00 20,00	

Feld 27b	S
Gebrochene Linie unter UT von Deutsche, angebrochene Linie unter PO von Post	
C 3	
Farbe ** ⊙ ✉	

Feld 27	S, L
Waagr. Strich des H von Heinr. Fehlt fast vollständig	
C 4	
Farbe ** ⊙ ✉	
a 20,00 50,00 100,00	

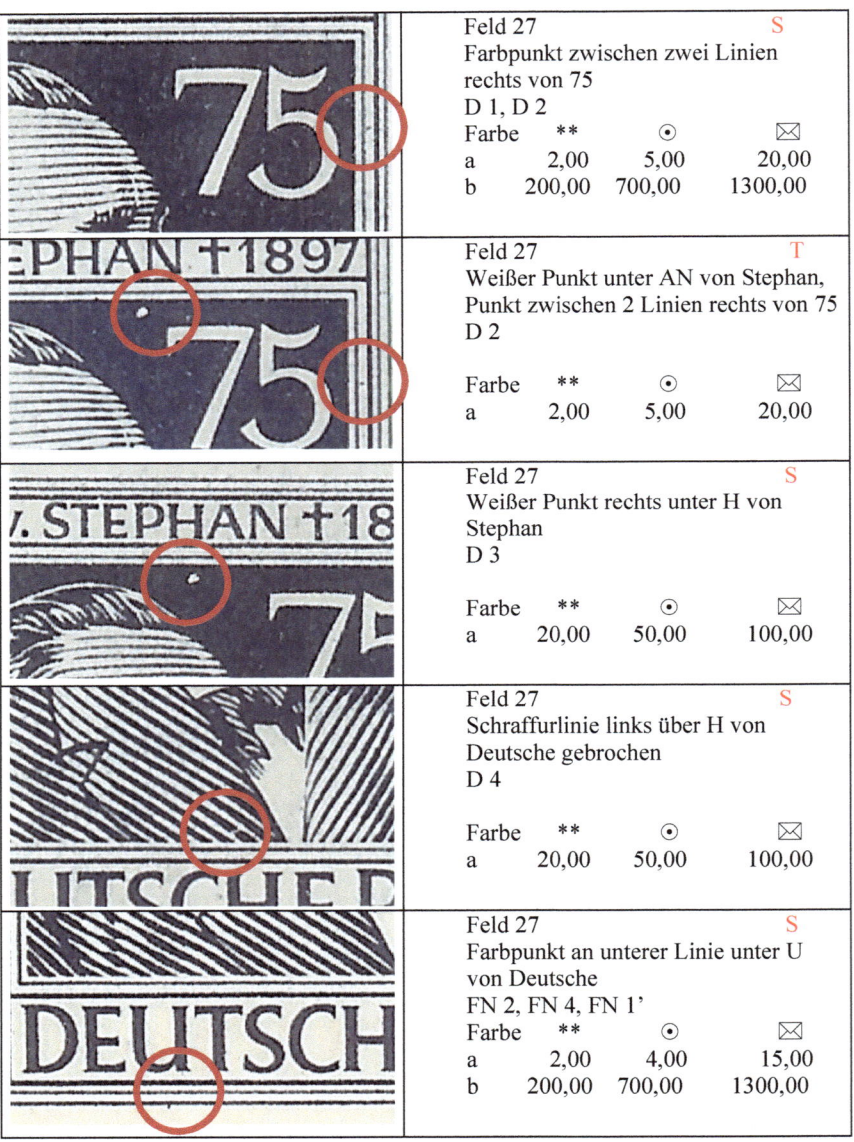

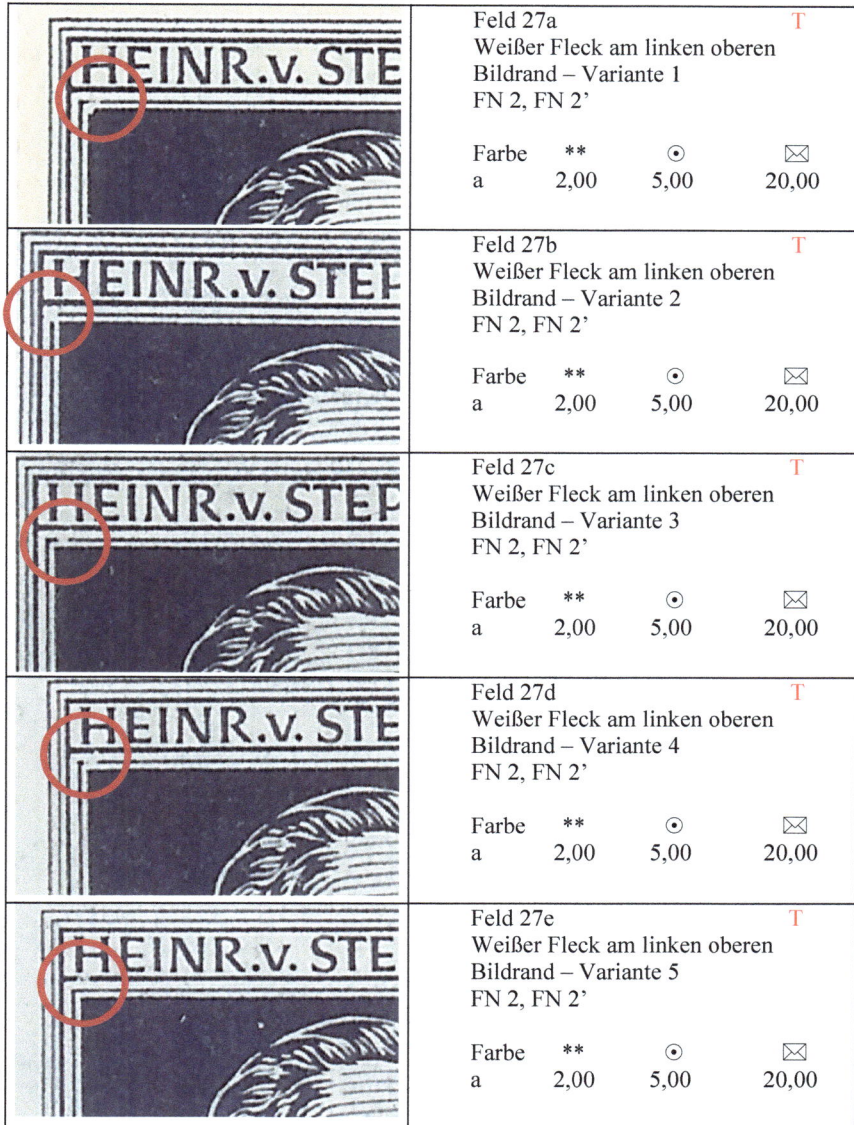

Feld 27a Weißer Fleck am linken oberen Bildrand – Variante 1 FN 2, FN 2'	T
Farbe ** ⊙ ✉ a 2,00 5,00 20,00	
Feld 27b Weißer Fleck am linken oberen Bildrand – Variante 2 FN 2, FN 2'	T
Farbe ** ⊙ ✉ a 2,00 5,00 20,00	
Feld 27c Weißer Fleck am linken oberen Bildrand – Variante 3 FN 2, FN 2'	T
Farbe ** ⊙ ✉ a 2,00 5,00 20,00	
Feld 27d Weißer Fleck am linken oberen Bildrand – Variante 4 FN 2, FN 2'	T
Farbe ** ⊙ ✉ a 2,00 5,00 20,00	
Feld 27e Weißer Fleck am linken oberen Bildrand – Variante 5 FN 2, FN 2'	T
Farbe ** ⊙ ✉ a 2,00 5,00 20,00	

	Feld 27f T Linker Fuß des H von Heinr. Beschädigt – Variante 6 FN 2, FN 2' Farbe ** ⊙ ✉ a 2,00 5,00 20,00
	Feld 27g T H von Heinr. Gebrochen – Variante 7 FN 2, FN 2' Farbe ** ⊙ ✉ a 2,00 5,00 20,00
	Feld 27a T Weißer Fleck am Haaransatz – Variante 1 FN 3, FN 3' Farbe ** ⊙ ✉ a 2,00 5,00 20,00
	Feld 27b T Weißer Fleck am Haaransatz – Variante 2 FN 3, FN 3' Farbe ** ⊙ ✉ a 2,00 5,00 20,00
	Feld 27c T Weißer Fleck am Haaransatz – Variante 3 FN 3, FN 3' Farbe ** ⊙ ✉ a 2,00 5,00 20,00

	Feld 27d T Weißer Fleck am Haaransatz – Variante 4 FN 3, FN 3' Farbe ** ⊙ ✉ a 2,00 5,00 20,00
	Feld 27e T Weißer Fleck am Haaransatz – Variante 5 FN 3, FN 3' Farbe ** ⊙ ✉ a 2,00 5,00 20,00
	Feld 27f T Weißer Fleck am Haaransatz – Variante 6 FN 3, FN 3' Farbe ** ⊙ ✉ a 2,00 5,00 20,00
	Feld 28 T Gebrochene rechte mittlere Randlinie in Höhe Schnäuzer C 2 Farbe ** ⊙ ✉ a 2,00 5,00 20,00
	Feld 28 S Weißer Bogen links über und hinter Kopf C 3 Farbe ** ⊙ ✉ a 2,00 5,00 20,00

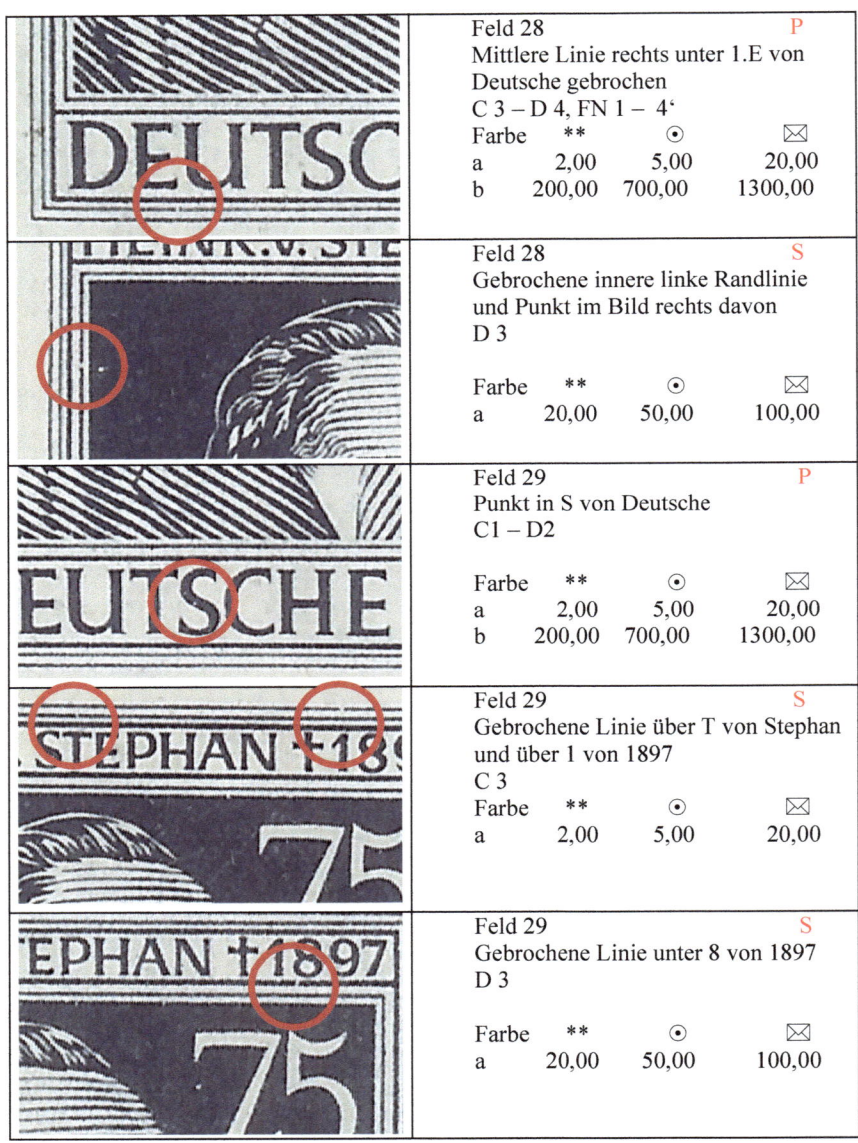

Feld 28			P
Mittlere Linie rechts unter 1.E von Deutsche gebrochen			
C 3 – D 4, FN 1 – 4'			
Farbe	**	⊙	✉
a	2,00	5,00	20,00
b	200,00	700,00	1300,00

Feld 28			S
Gebrochene innere linke Randlinie und Punkt im Bild rechts davon			
D 3			
Farbe	**	⊙	✉
a	20,00	50,00	100,00

Feld 29			P
Punkt in S von Deutsche			
C1 – D2			
Farbe	**	⊙	✉
a	2,00	5,00	20,00
b	200,00	700,00	1300,00

Feld 29			S
Gebrochene Linie über T von Stephan und über 1 von 1897			
C 3			
Farbe	**	⊙	✉
a	2,00	5,00	20,00

Feld 29			S
Gebrochene Linie unter 8 von 1897			
D 3			
Farbe	**	⊙	✉
a	20,00	50,00	100,00

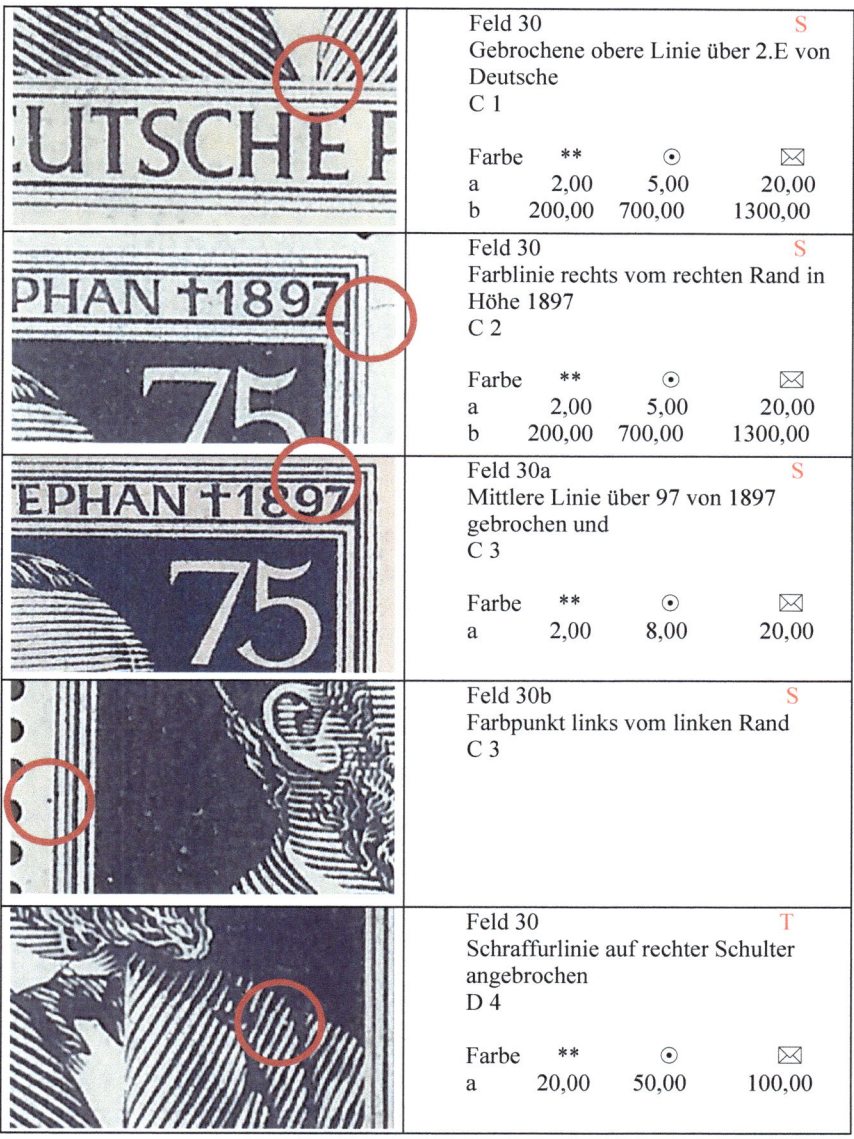

Feld 30   S Gebrochene obere Linie über 2.E von Deutsche C 1 Farbe   **   ⊙   ✉ a   2,00   5,00   20,00 b   200,00 700,00 1300,00
Feld 30   S Farblinie rechts vom rechten Rand in Höhe 1897 C 2 Farbe   **   ⊙   ✉ a   2,00   5,00   20,00 b   200,00 700,00 1300,00
Feld 30a   S Mittlere Linie über 97 von 1897 gebrochen und C 3 Farbe   **   ⊙   ✉ a   2,00   8,00   20,00
Feld 30b   S Farbpunkt links vom linken Rand C 3
Feld 30   T Schraffurlinie auf rechter Schulter angebrochen D 4 Farbe   **   ⊙   ✉ a   20,00   50,00   100,00

	Feld 30 T Weißer Punkt links unten von 7 in 75 FN 4' Farbe ** ⊙ ✉ a 2,00 5,00 20,00
	Feld 31 P Kerbe in Schraffurlinie über P von Post C 1 - FN 4' Farbe ** ⊙ ✉ a 2,00 5,00 20,00 b 200,00 700,00 1300,00
	Feld 31 S, L Gebrochene linke innere Randlinie sowie waagerechter Kratzer D 3 Farbe ** ⊙ ✉ a 20,00 50,00 100,00
	Feld 32 S Farblinie quer durch Schraffur links vom Auge C 2 Farbe ** ⊙ ✉ a 2,00 5,00 20,00
	Feld 32 T Weißer Punkt links über 7 von 75 D 1 Farbe ** ⊙ ✉ a 2,00 5,00 20,00 b 200,00 700,00 1300,00

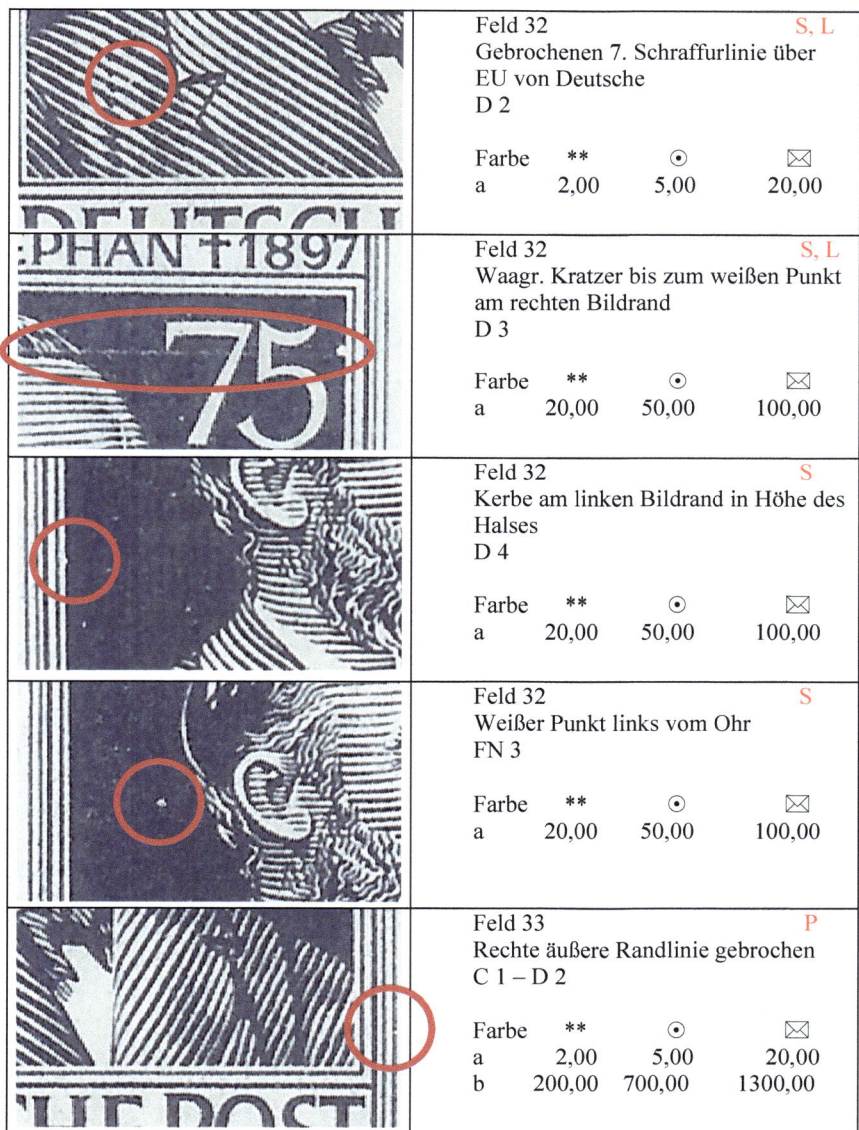

Feld 32 **S, L** Gebrochenen 7. Schraffurlinie über EU von Deutsche D 2 Farbe ** ⊙ ✉ a 2,00 5,00 20,00	
Feld 32 **S, L** Waagr. Kratzer bis zum weißen Punkt am rechten Bildrand D 3 Farbe ** ⊙ ✉ a 20,00 50,00 100,00	
Feld 32 **S** Kerbe am linken Bildrand in Höhe des Halses D 4 Farbe ** ⊙ ✉ a 20,00 50,00 100,00	
Feld 32 **S** Weißer Punkt links vom Ohr FN 3 Farbe ** ⊙ ✉ a 20,00 50,00 100,00	
Feld 33 **P** Rechte äußere Randlinie gebrochen C 1 – D 2 Farbe ** ⊙ ✉ a 2,00 5,00 20,00 b 200,00 700,00 1300,00	

	Feld 33 S Kratzer vom Kinn schräg nach oben zum Rand C 2 Farbe ** ⊙ ✉ a 2,00 5,00 20,00
	Feld 33 P Punkt am Rand der Schraffur links vom Kragen C 3 – D 4, FN 1 – 4' Farbe ** ⊙ ✉ a 2,00 5,00 20,00 b 200,00 700,00 1300,00
	Feld 33 S Weißer Punkt links vom Kopf unter R von Heinr. C 3, FN 1' Farbe ** ⊙ ✉ a 2,00 5,00 20,00
	Feld 33 S Unterbrochene Schraffurlinie auf der Stirn D 1 Farbe ** ⊙ ✉ a 2,00 5,00 20,00 b 200,00 700,00 1300,00
	Feld 33 S Gebrochene äußere rechte Randlinie in Höhe des Mundes D 3 Farbe ** ⊙ ✉ a 20,00 50,00 100,00

	Feld 33 S Mittlere Linie über 8 von 1897 gebrochen FN 4' Farbe ** ⊙ ✉ a 2,00 5,00 20,00
	Feld 34 S Mittlere Linie unter DE von Deutsche gebrochen und senkrechte Linie vom 2. E von Deutsche angebrochen C 3 Farbe ** ⊙ ✉ a 2,00 5,00 20,00
	Feld 34 S Weißer Punkt im Bild unter N von Heinr. D 3 Farbe ** ⊙ ✉ a 20,00 50,00 100,00
	Feld 34a S Schraffurlinie links über 1.E von Deutsche gebrochen und D 4 Farbe ** ⊙ ✉ a 20,00 50,00 100,00
	Feld 34b S Zweite äußere linke Randlinie gebrochen D 4

	Feld 34 S Farbpunkt links über T von Post FN 2 Farbe ** ⊙ ✉ a 2,00 5,00 20,00
	Feld 34 S Verbreiterte Schraffurunterbrechung auf der Stirn FN 3' Farbe ** ⊙ ✉ a 2,00 5,00 20,00
	Feld 34 T Weißer Punkt rechts vom Kinnbart FN 3' Farbe ** ⊙ ✉ a 2,00 5,00 20,00
	Feld 34 T Weißer Punkt links vom Hinterkopf FN 4' Farbe ** ⊙ ✉ a 2,00 5,00 20,00
	Feld 35a S Gebrochene Randlinie links neben Schulter und D 3 Farbe ** ⊙ ✉ a 20,00 50,00 100,00

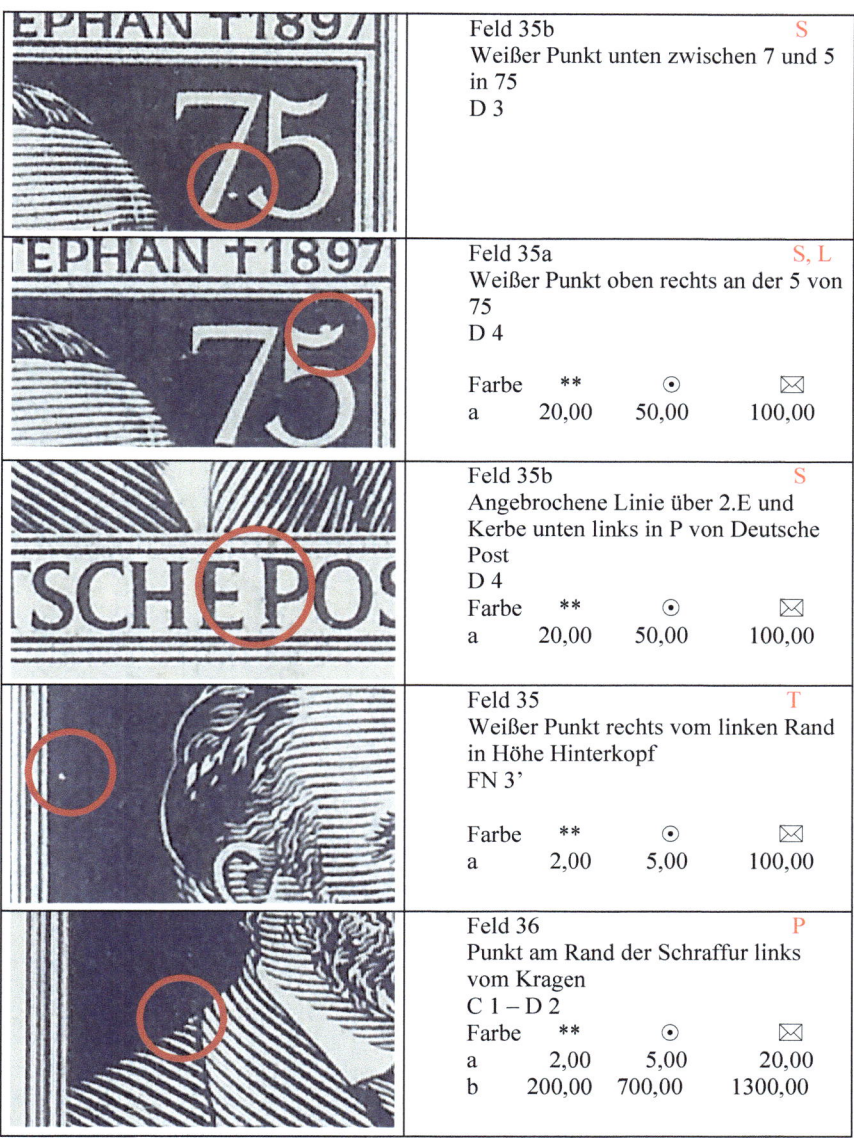

Feld 35b	S
Weißer Punkt unten zwischen 7 und 5 in 75	
D 3	

Feld 35a			S, L
Weißer Punkt oben rechts an der 5 von 75			
D 4			
Farbe	**	⊙	✉
a	20,00	50,00	100,00

Feld 35b			S
Angebrochene Linie über 2.E und Kerbe unten links in P von Deutsche Post			
D 4			
Farbe	**	⊙	✉
a	20,00	50,00	100,00

Feld 35			T
Weißer Punkt rechts vom linken Rand in Höhe Hinterkopf			
FN 3'			
Farbe	**	⊙	✉
a	2,00	5,00	100,00

Feld 36			P
Punkt am Rand der Schraffur links vom Kragen			
C 1 – D 2			
Farbe	**	⊙	✉
a	2,00	5,00	20,00
b	200,00	700,00	1300,00

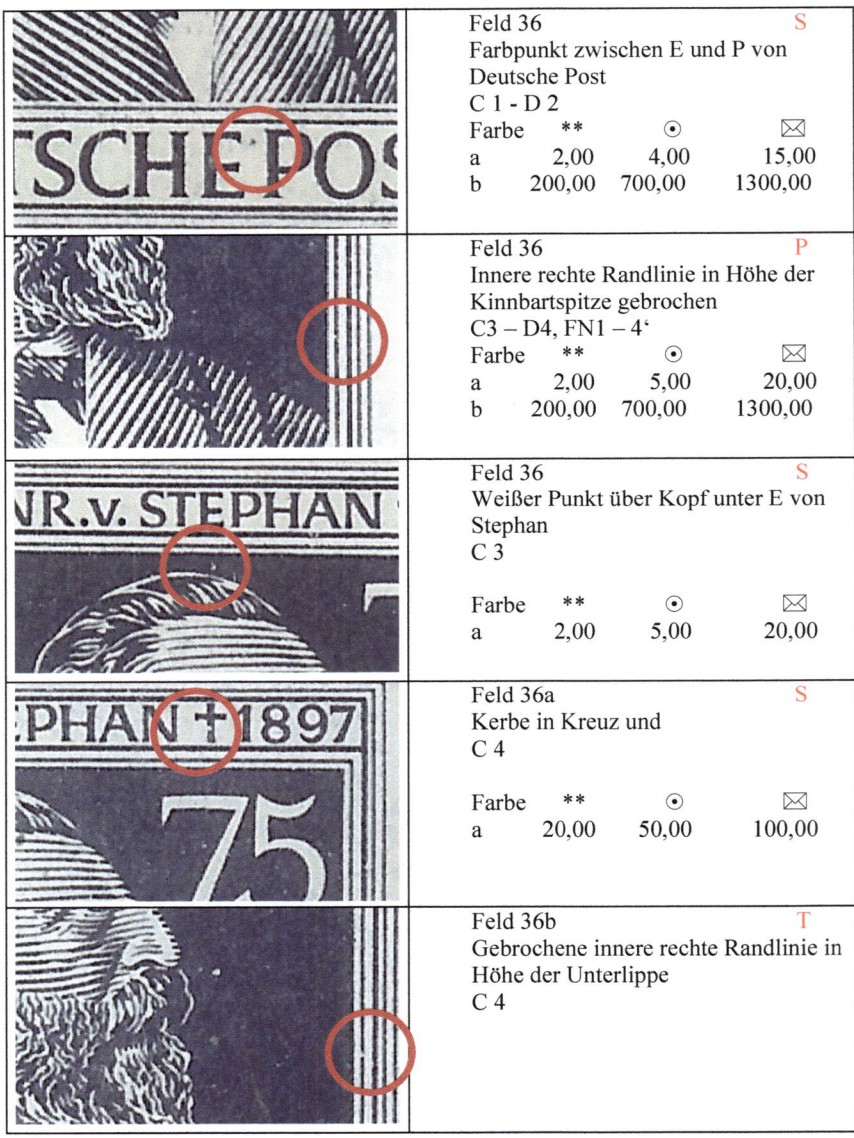

Feld 36		S
Farbpunkt zwischen E und P von Deutsche Post		
C 1 - D 2		
Farbe **	⊙	✉
a 2,00	4,00	15,00
b 200,00	700,00	1300,00

Feld 36		P
Innere rechte Randlinie in Höhe der Kinnbartspitze gebrochen		
C3 – D4, FN1 – 4'		
Farbe **	⊙	✉
a 2,00	5,00	20,00
b 200,00	700,00	1300,00

Feld 36		S
Weißer Punkt über Kopf unter E von Stephan		
C 3		
Farbe **	⊙	✉
a 2,00	5,00	20,00

Feld 36a		S
Kerbe in Kreuz und		
C 4		
Farbe **	⊙	✉
a 20,00	50,00	100,00

Feld 36b	T
Gebrochene innere rechte Randlinie in Höhe der Unterlippe	
C 4	

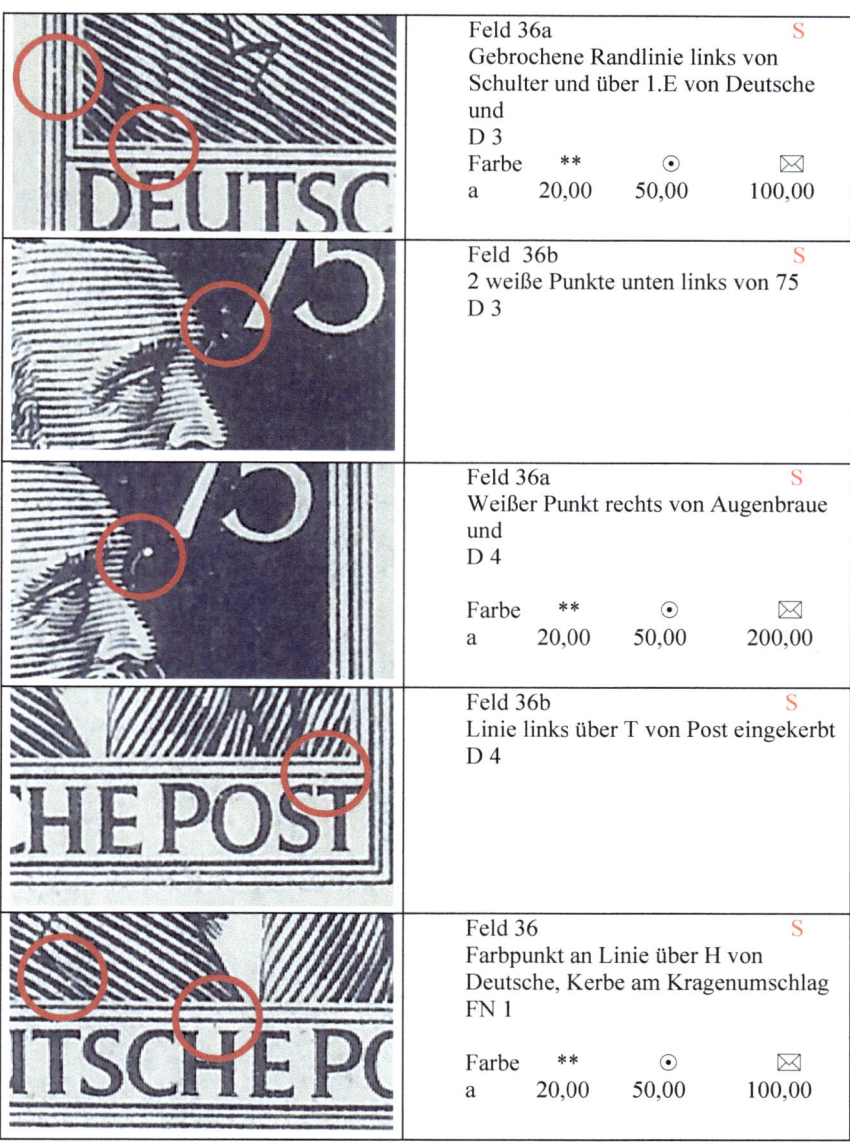

	Feld 36 S Weißer Punkt rechts von Haaransatz FN 2' Farbe ** ⊙ ✉ a 2,00 5,00 20,00
	Feld 37 S Innere linke Randlinie gebrochen C 3 Farbe ** ⊙ ✉ a 2,00 5,00 20,00
	Feld 37 T Weißer Punkt links oben von 75 D 2 Farbe ** ⊙ ✉ a 2,00 5,00 20,00
	Feld 37 S Angebrochene Linie rechts über C von Deutsche D 3 Farbe ** ⊙ ✉ a 20,00 50,00 100,00
	Feld 37a S Linie unter R von Heinr. und 1 von 1897 eingekerbt und D 4 Farbe ** ⊙ ✉ a 20,00 50,00 100,00

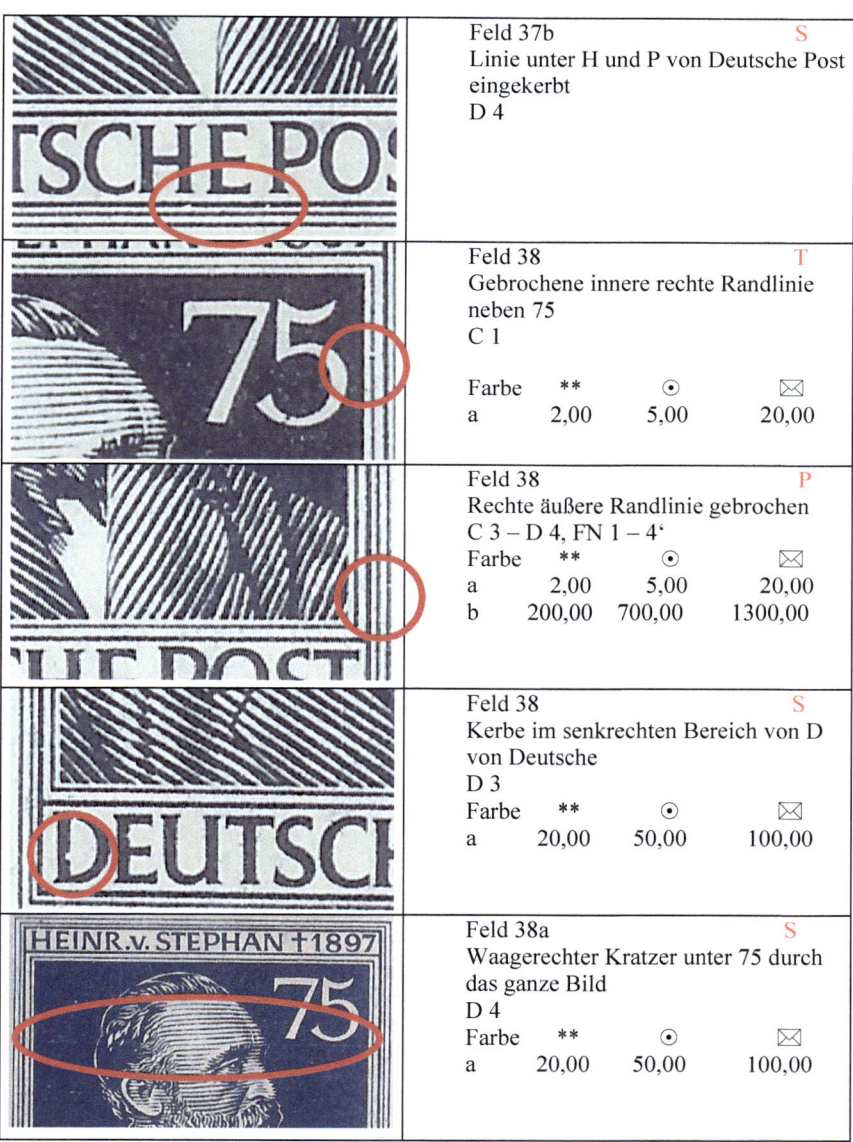

Feld 37b S Linie unter H und P von Deutsche Post eingekerbt D 4	

Feld 38   T
Gebrochene innere rechte Randlinie neben 75
C 1

Farbe	**	⊙	✉
a	2,00	5,00	20,00

Feld 38   P
Rechte äußere Randlinie gebrochen
C 3 – D 4, FN 1 – 4'

Farbe	**	⊙	✉
a	2,00	5,00	20,00
b	200,00	700,00	1300,00

Feld 38   S
Kerbe im senkrechten Bereich von D von Deutsche
D 3

Farbe	**	⊙	✉
a	20,00	50,00	100,00

Feld 38a   S
Waagerechter Kratzer unter 75 durch das ganze Bild
D 4

Farbe	**	⊙	✉
a	20,00	50,00	100,00

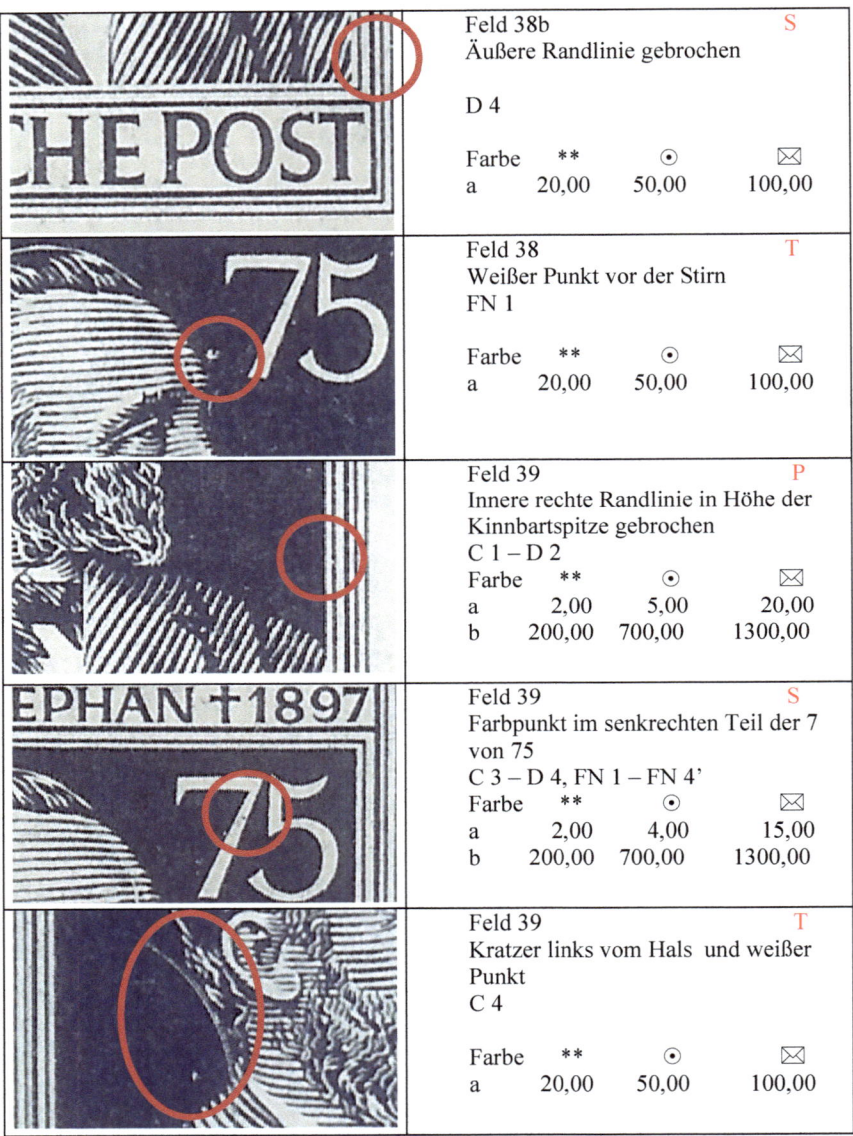

Feld 38b				S
Äußere Randlinie gebrochen				
D 4				
Farbe	**	⊙	✉	
a	20,00	50,00	100,00	

Feld 38				T
Weißer Punkt vor der Stirn				
FN 1				
Farbe	**	⊙	✉	
a	20,00	50,00	100,00	

Feld 39				P
Innere rechte Randlinie in Höhe der Kinnbartspitze gebrochen				
C 1 – D 2				
Farbe	**	⊙	✉	
a	2,00	5,00	20,00	
b	200,00	700,00	1300,00	

Feld 39				S
Farbpunkt im senkrechten Teil der 7 von 75				
C 3 – D 4, FN 1 – FN 4'				
Farbe	**	⊙	✉	
a	2,00	4,00	15,00	
b	200,00	700,00	1300,00	

Feld 39				T
Kratzer links vom Hals und weißer Punkt				
C 4				
Farbe	**	⊙	✉	
a	20,00	50,00	100,00	

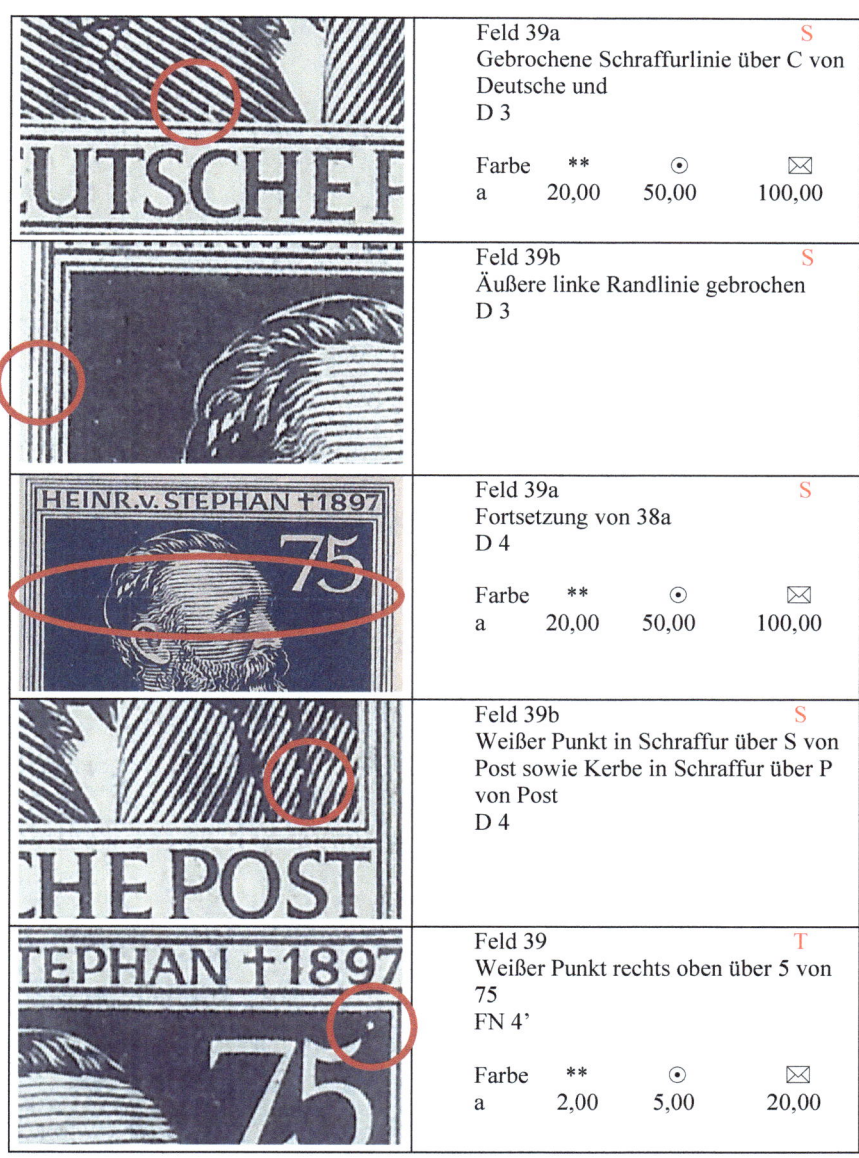

Feld 39a S Gebrochene Schraffurlinie über C von Deutsche und D 3 Farbe ** ⊙ ✉ a 20,00 50,00 100,00	
Feld 39b S Äußere linke Randlinie gebrochen D 3	
Feld 39a S Fortsetzung von 38a D 4 Farbe ** ⊙ ✉ a 20,00 50,00 100,00	
Feld 39b S Weißer Punkt in Schraffur über S von Post sowie Kerbe in Schraffur über P von Post D 4	
Feld 39 T Weißer Punkt rechts oben über 5 von 75 FN 4' Farbe ** ⊙ ✉ a 2,00 5,00 20,00	

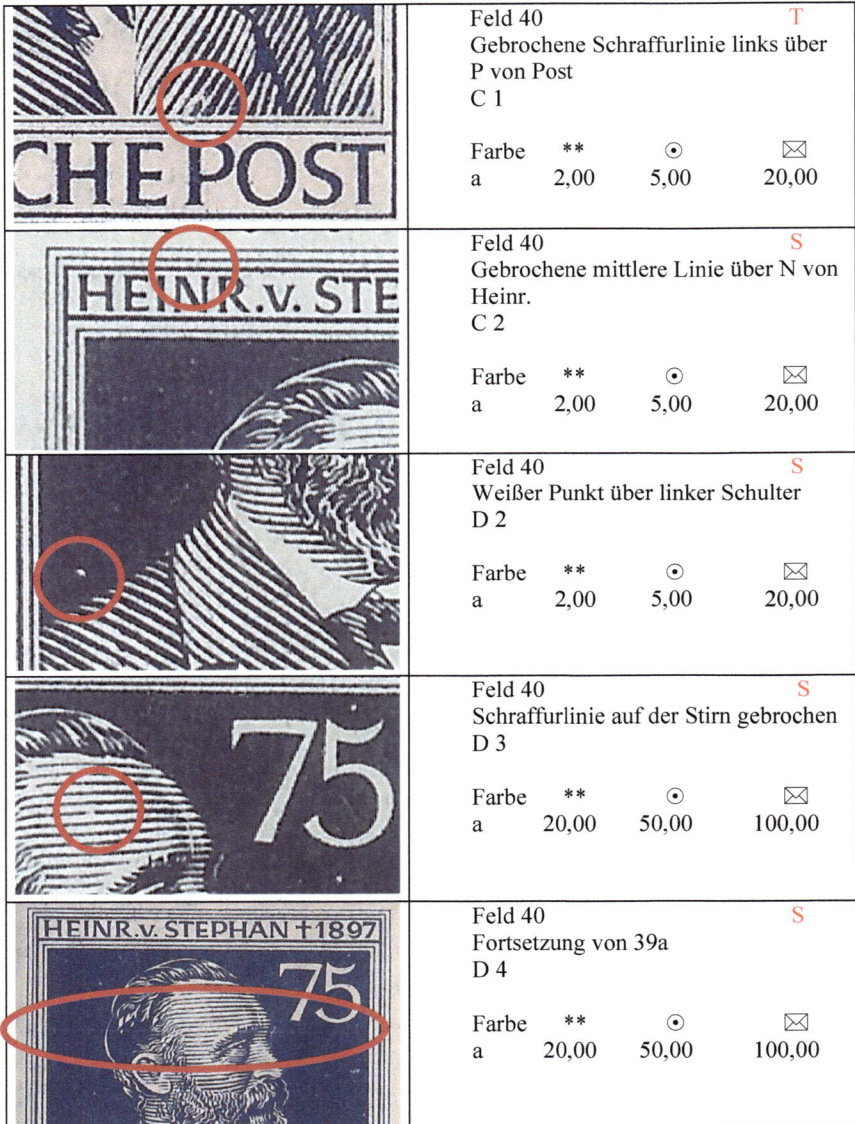

Feld 40	T
Gebrochene Schraffurlinie links über P von Post	
C 1	
Farbe ** ☉ ✉	
a 2,00 5,00 20,00	

Feld 40	S
Gebrochene mittlere Linie über N von Heinr.	
C 2	
Farbe ** ☉ ✉	
a 2,00 5,00 20,00	

Feld 40	S
Weißer Punkt über linker Schulter	
D 2	
Farbe ** ☉ ✉	
a 2,00 5,00 20,00	

Feld 40	S
Schraffurlinie auf der Stirn gebrochen	
D 3	
Farbe ** ☉ ✉	
a 20,00 50,00 100,00	

Feld 40	S
Fortsetzung von 39a	
D 4	
Farbe ** ☉ ✉	
a 20,00 50,00 100,00	

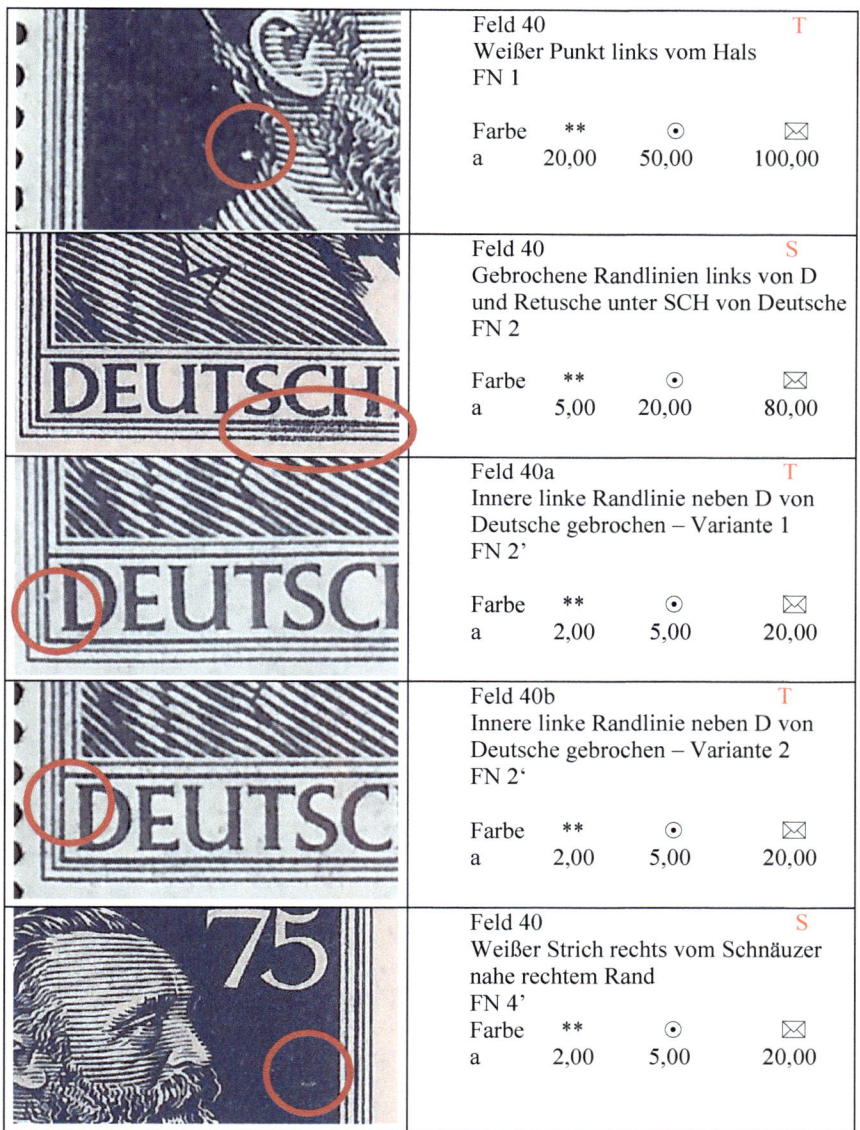

Feld 40 T Weißer Punkt links vom Hals FN 1	
Farbe ** ⊙ ✉ a 20,00 50,00 100,00	
Feld 40 S Gebrochene Randlinien links von D und Retusche unter SCH von Deutsche FN 2	
Farbe ** ⊙ ✉ a 5,00 20,00 80,00	
Feld 40a T Innere linke Randlinie neben D von Deutsche gebrochen – Variante 1 FN 2'	
Farbe ** ⊙ ✉ a 2,00 5,00 20,00	
Feld 40b T Innere linke Randlinie neben D von Deutsche gebrochen – Variante 2 FN 2'	
Farbe ** ⊙ ✉ a 2,00 5,00 20,00	
Feld 40 S Weißer Strich rechts vom Schnäuzer nahe rechtem Rand FN 4'	
Farbe ** ⊙ ✉ a 2,00 5,00 20,00	

	Feld 41 P Innere rechte Randlinie etwas oberhalb der Bartspitze gebrochen C 1 – FN 4' Farbe ** ⊙ ✉ a 2,00 5,00 20,00 b 200,00 700,00 1300,00
	Feld 41 S Kratzer waagerecht durch das Bild C 2 Farbe ** ⊙ ✉ a 2,00 5,00 20,00
	Feld 41 S Farbpunkt unter S von Stephan C 3 – D 4, FN 1 – FN 4' Farbe ** ⊙ ✉ a 2,00 4,00 15,00 b 200,00 700,00 1300,00
	Feld 41 S Gebrochene Schraffurlinie im Kragen C 4 Farbe ** ⊙ ✉ a 20,00 50,00 100,00
	Feld 41 S Obere Linie links über 2.E von Deutsche gebrochen D 3 Farbe ** ⊙ ✉ a 20,00 50,00 100,00

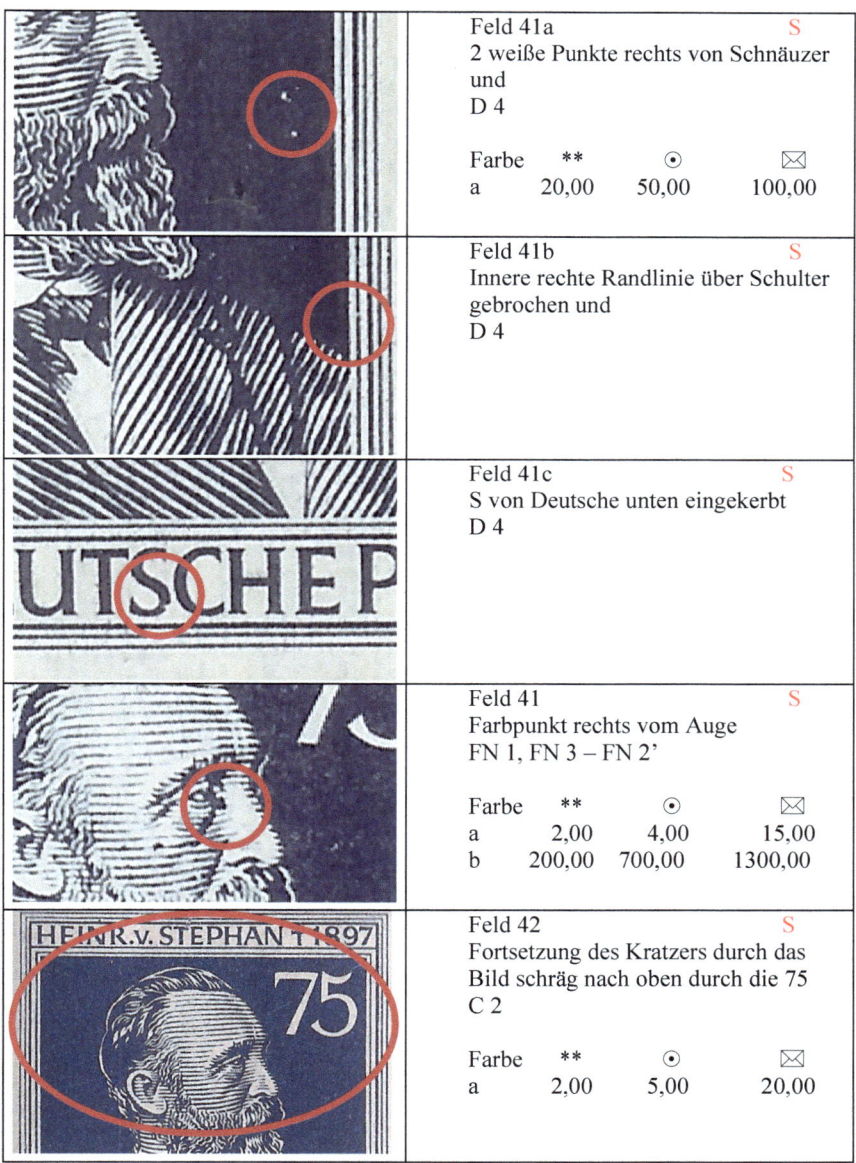

Feld 41a S 2 weiße Punkte rechts von Schnäuzer und D 4 Farbe ** ⊙ ✉ a 20,00 50,00 100,00	
Feld 41b S Innere rechte Randlinie über Schulter gebrochen und D 4	
Feld 41c S S von Deutsche unten eingekerbt D 4	
Feld 41 S Farbpunkt rechts vom Auge FN 1, FN 3 – FN 2' Farbe ** ⊙ ✉ a 2,00 4,00 15,00 b 200,00 700,00 1300,00	
Feld 42 S Fortsetzung des Kratzers durch das Bild schräg nach oben durch die 75 C 2 Farbe ** ⊙ ✉ a 2,00 5,00 20,00	

	Feld 42 P Mittlere rechte Linie in Augenhöhe gebrochen C 3 - D 4, FN 1 - 4' Farbe ** ⊙ ✉ a 2,00 5,00 20,00 b 200,00 700,00 1300,00
	Feld 42 S Innere rechte Randlinie gebrochen, C 3 Farbe ** ⊙ ✉ a 2,00 5,00 20,00
	Feld 42a S Gebrochene Oberste Linie links über H von Stephan und C 4 Farbe ** ⊙ ✉ a 20,00 50,00 100,00
	Feld 42b S Weißer Fleck in S von Post C 4
	Feld 42a S Linie links über 2. E von Deutsche gebrochen und D 3 Farbe ** ⊙ ✉ a 20,00 50,00 100,00

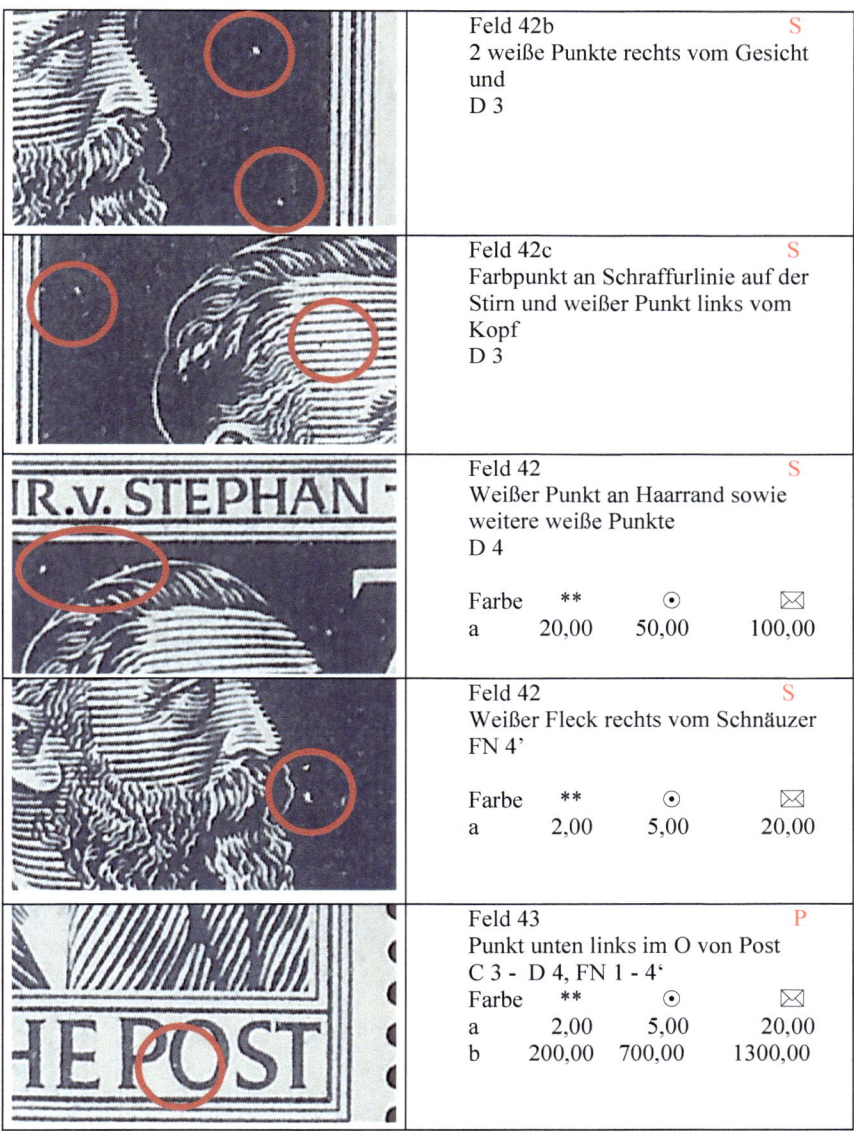

	Feld 42b S 2 weiße Punkte rechts vom Gesicht und D 3
	Feld 42c S Farbpunkt an Schraffurlinie auf der Stirn und weißer Punkt links vom Kopf D 3
	Feld 42 S Weißer Punkt an Haarrand sowie weitere weiße Punkte D 4 Farbe ** ⊙ ✉ a 20,00 50,00 100,00
	Feld 42 S Weißer Fleck rechts vom Schnäuzer FN 4' Farbe ** ⊙ ✉ a 2,00 5,00 20,00
	Feld 43 P Punkt unten links im O von Post C 3 - D 4, FN 1 - 4' Farbe ** ⊙ ✉ a 2,00 5,00 20,00 b 200,00 700,00 1300,00

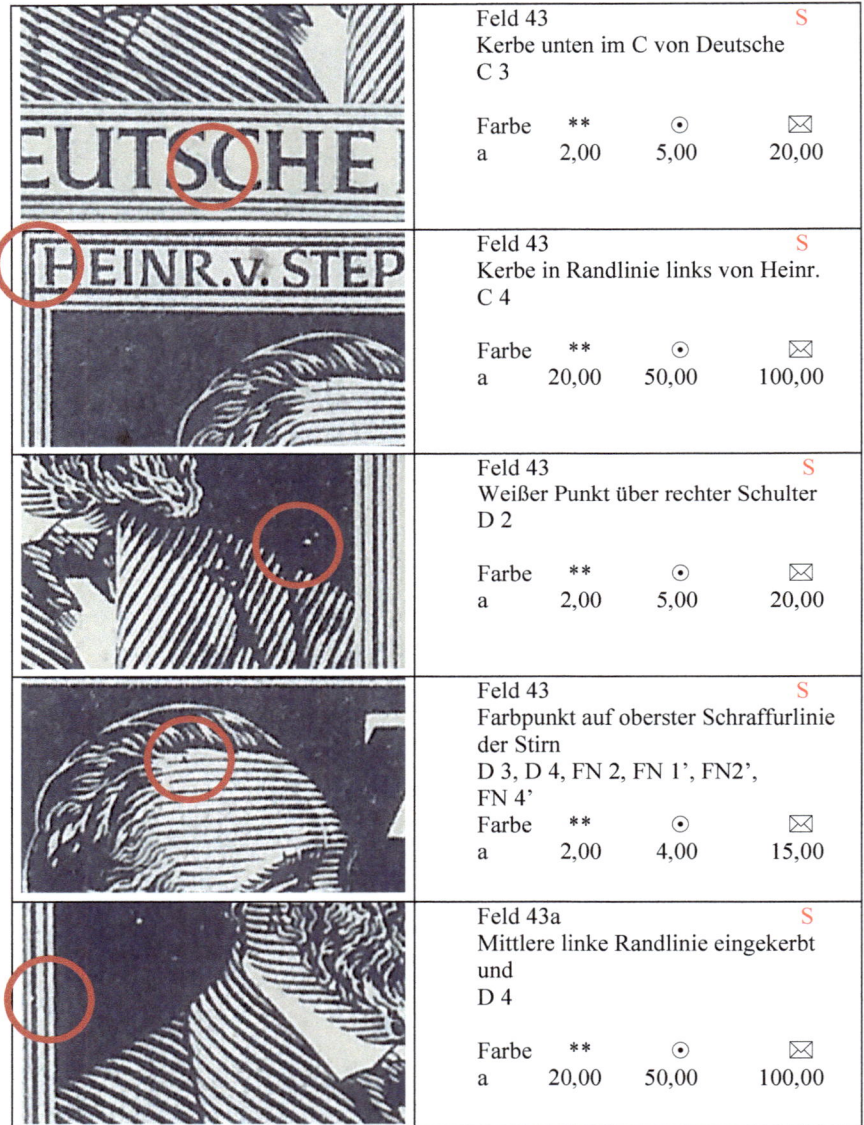

Feld 43　　　　　　　　　　　　　　S Kerbe unten im C von Deutsche C 3	
Farbe　　**　　　⊙　　　✉ a　　　2,00　　5,00　　20,00	

Feld 43　　　　　　　　　　　　　　S Kerbe in Randlinie links von Heinr. C 4	
Farbe　　**　　　⊙　　　✉ a　　　20,00　　50,00　　100,00	

Feld 43　　　　　　　　　　　　　　S Weißer Punkt über rechter Schulter D 2	
Farbe　　**　　　⊙　　　✉ a　　　2,00　　5,00　　20,00	

Feld 43　　　　　　　　　　　　　　S Farbpunkt auf oberster Schraffurlinie der Stirn D 3, D 4, FN 2, FN 1', FN2', FN 4'	
Farbe　　**　　　⊙　　　✉ a　　　2,00　　4,00　　15,00	

Feld 43a　　　　　　　　　　　　　S Mittlere linke Randlinie eingekerbt und D 4	
Farbe　　**　　　⊙　　　✉ a　　　20,00　　50,00　　100,00	

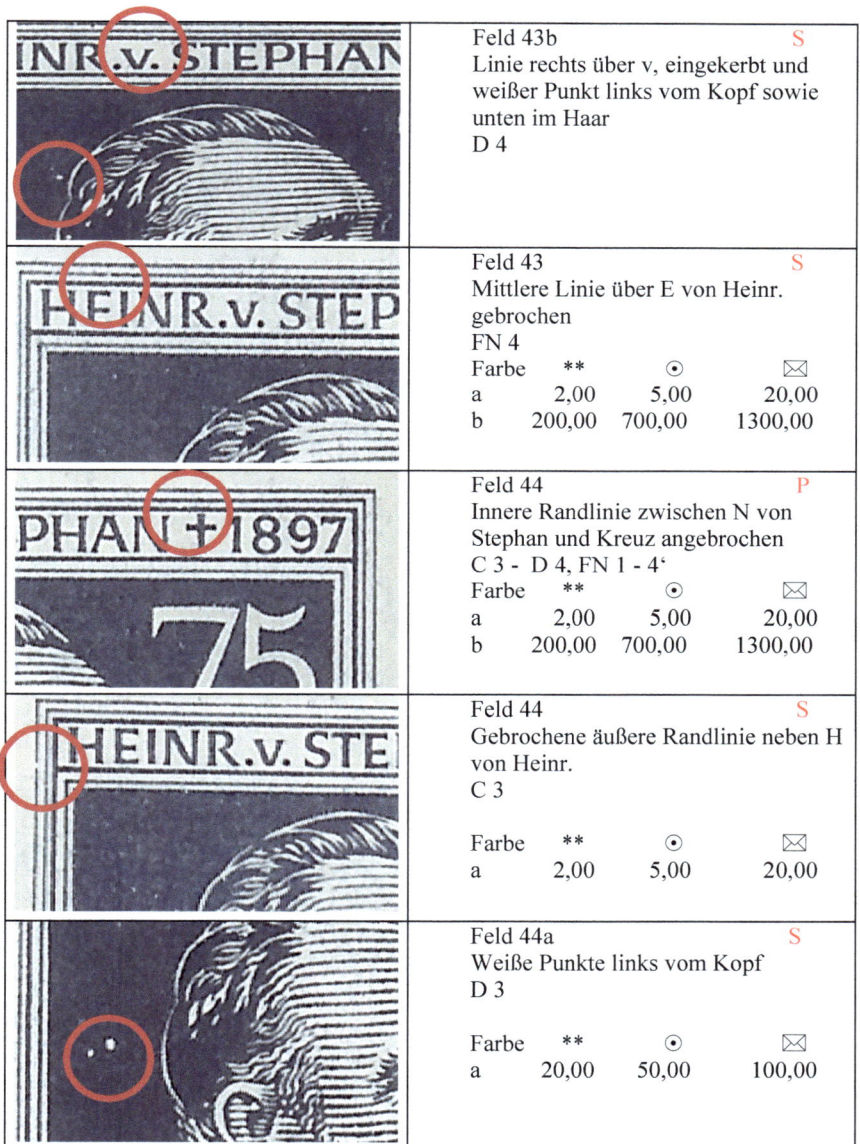

Feld 43b   S
Linie rechts über v, eingekerbt und weißer Punkt links vom Kopf sowie unten im Haar
D 4

Feld 43   S
Mittlere Linie über E von Heinr. gebrochen
FN 4

Farbe	**	⊙	✉
a	2,00	5,00	20,00
b	200,00	700,00	1300,00

Feld 44   P
Innere Randlinie zwischen N von Stephan und Kreuz angebrochen
C 3 - D 4, FN 1 - 4'

Farbe	**	⊙	✉
a	2,00	5,00	20,00
b	200,00	700,00	1300,00

Feld 44   S
Gebrochene äußere Randlinie neben H von Heinr.
C 3

Farbe	**	⊙	✉
a	2,00	5,00	20,00

Feld 44a   S
Weiße Punkte links vom Kopf
D 3

Farbe	**	⊙	✉
a	20,00	50,00	100,00

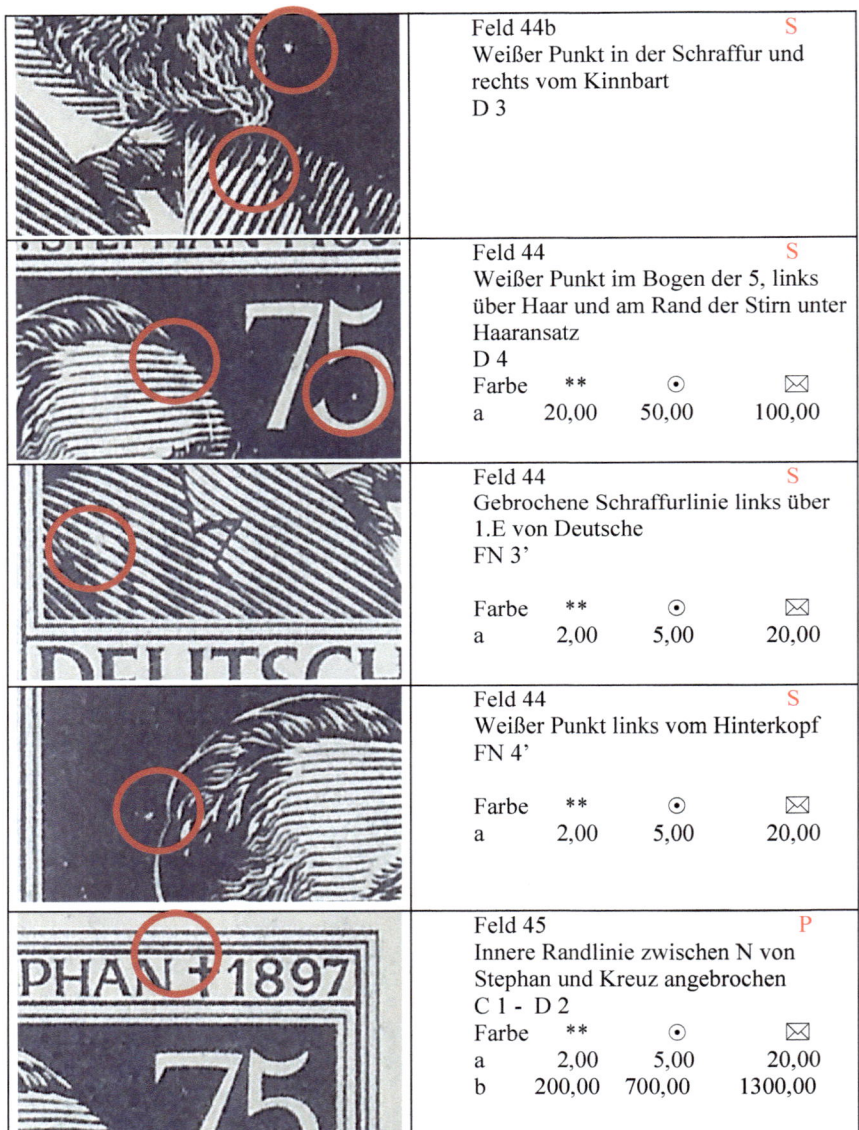

Feld 44b	S
Weißer Punkt in der Schraffur und rechts vom Kinnbart	
D 3	

Feld 44			S
Weißer Punkt im Bogen der 5, links über Haar und am Rand der Stirn unter Haaransatz			
D 4			
Farbe	**	⊙	✉
a	20,00	50,00	100,00

Feld 44			S
Gebrochene Schraffurlinie links über 1.E von Deutsche			
FN 3'			
Farbe	**	⊙	✉
a	2,00	5,00	20,00

Feld 44			S
Weißer Punkt links vom Hinterkopf			
FN 4'			
Farbe	**	⊙	✉
a	2,00	5,00	20,00

Feld 45			P
Innere Randlinie zwischen N von Stephan und Kreuz angebrochen			
C 1 - D 2			
Farbe	**	⊙	✉
a	2,00	5,00	20,00
b	200,00	700,00	1300,00

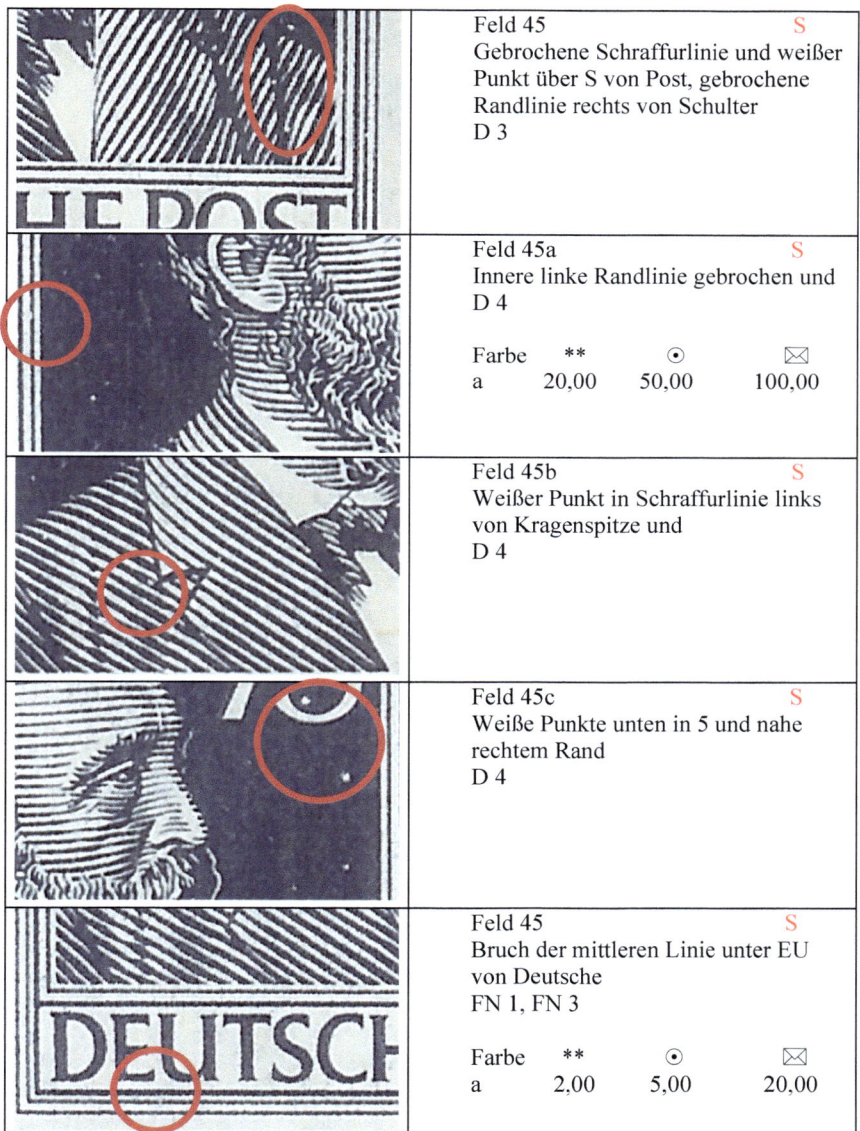

	Feld 45 S Gebrochene Schraffurlinie und weißer Punkt über S von Post, gebrochene Randlinie rechts von Schulter D 3
	Feld 45a S Innere linke Randlinie gebrochen und D 4 Farbe ** ⊙ ✉ a 20,00 50,00 100,00
	Feld 45b S Weißer Punkt in Schraffurlinie links von Kragenspitze und D 4
	Feld 45c S Weiße Punkte unten in 5 und nahe rechtem Rand D 4
	Feld 45 S Bruch der mittleren Linie unter EU von Deutsche FN 1, FN 3 Farbe ** ⊙ ✉ a 2,00 5,00 20,00

	Feld 46 S Gebrochene Schraffurlinie auf linker Schläfe C 1 Farbe ** ⊙ ✉ a 2,00 5,00 20,00
	Feld 46 P Punkt unten links im O von Post C 1 - D 2 Farbe ** ⊙ ✉ a 2,00 5,00 20,00 b 200,00 700,00 1300,00
	Feld 46 P Kleine Kerbe im Markenbild oben rechts C 3 - D 4, FN 1 - 4' Farbe ** ⊙ ✉ a 2,00 5,00 20,00 b 200,00 700,00 1300,00
	Feld 46 S Mittlere linke Randlinie neben Schulter gebrochen C 3 Farbe ** ⊙ ✉ a 2,00 5,00 20,00
	Feld 46a S Senkrechter Kratzer und weißer Punkt und C 4 Farbe ** ⊙ ✉ a 20,00 50,00 100,00

	Feld 46b S Kerbe links innen im U von Deutsche C 4
	Feld 46a S Obere Linie links über T und links über P von Deutsche Post gebrochen und D 3 Farbe ** ⊙ ✉ a 20,00 50,00 100,00
	Feld 46b S Innere und mittlere rechte Randlinie gebrochen D 3 Farbe ** ⊙ ✉ a 20,00 50,00 100,00
	Feld 46a S Innere rechte Randlinie neben 1897 gebrochen und D 4 Farbe ** ⊙ ✉ a 20,00 50,00 100,00
	Feld 46b S Weißer Punkt rechts von Kinnbart und angebrochene Schraffurlinie auf linken Kragen D 4

	Feld 47 **P** Punkt im senkrechten Teil von T in Deutsche C 1 - D 2 Farbe ** ⊙ ✉ a 2,00 5,00 20,00 b 200,00 700,00 1300,00
	Feld 47 **S** Schraffurlinie im Kragen gebrochen C 3 Farbe ** ⊙ ✉ a 2,00 5,00 20,00
	Feld 47 **T** Obere Linie über SC von Deutsche gebrochen C 3 Farbe ** ⊙ ✉ a 2,00 5,00 20,00
	Feld 47 **S** Farbpunkt rechts von den Randlinien in Höhe der Augen D 1 Farbe ** ⊙ ✉ a 2,00 5,00 20,00 b 200,00 700,00 1300,00
	Feld 47a **S** Äußere rechte Randlinie gebrochen, Kerbe in O von Post und D 3 Farbe ** ⊙ ✉ a 20,00 50,00 100,00

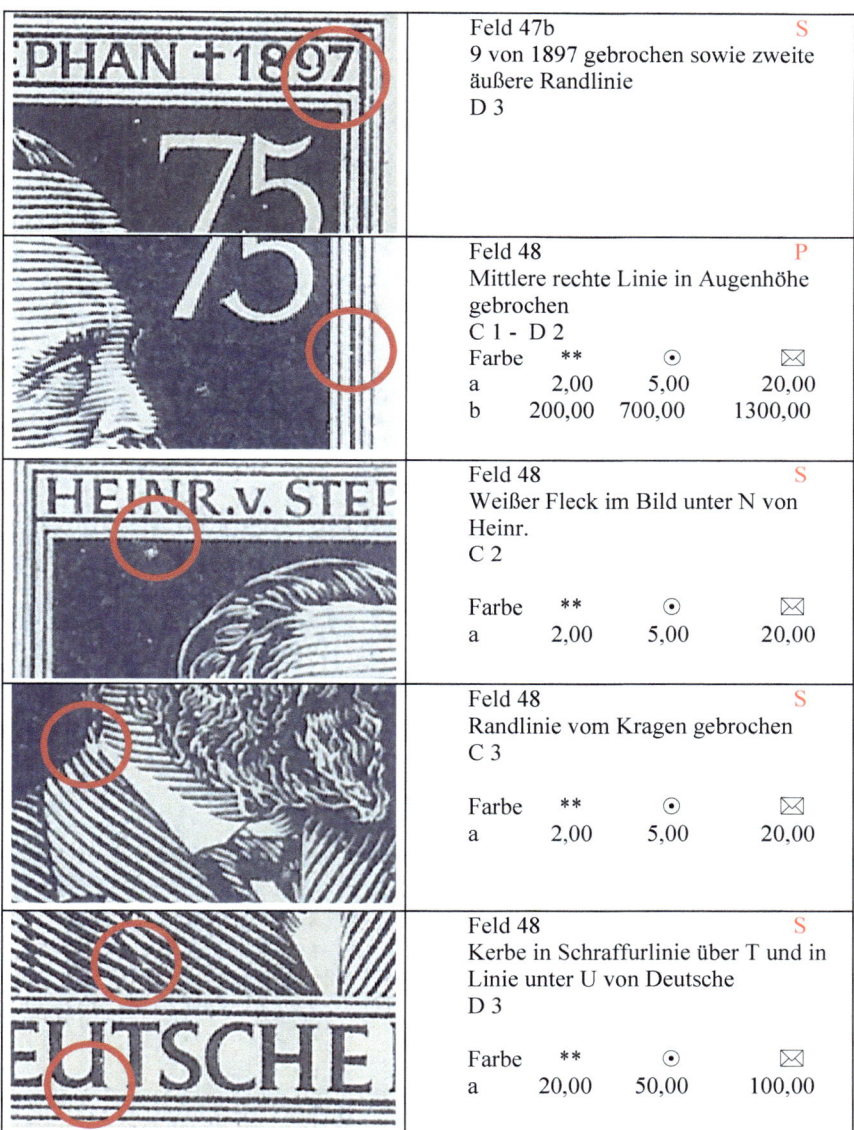

	Feld 47b S 9 von 1897 gebrochen sowie zweite äußere Randlinie D 3
	Feld 48 P Mittlere rechte Linie in Augenhöhe gebrochen C 1 - D 2 Farbe ** ⊙ ✉ a 2,00 5,00 20,00 b 200,00 700,00 1300,00
	Feld 48 S Weißer Fleck im Bild unter N von Heinr. C 2 Farbe ** ⊙ ✉ a 2,00 5,00 20,00
	Feld 48 S Randlinie vom Kragen gebrochen C 3 Farbe ** ⊙ ✉ a 2,00 5,00 20,00
	Feld 48 S Kerbe in Schraffurlinie über T und in Linie unter U von Deutsche D 3 Farbe ** ⊙ ✉ a 20,00 50,00 100,00

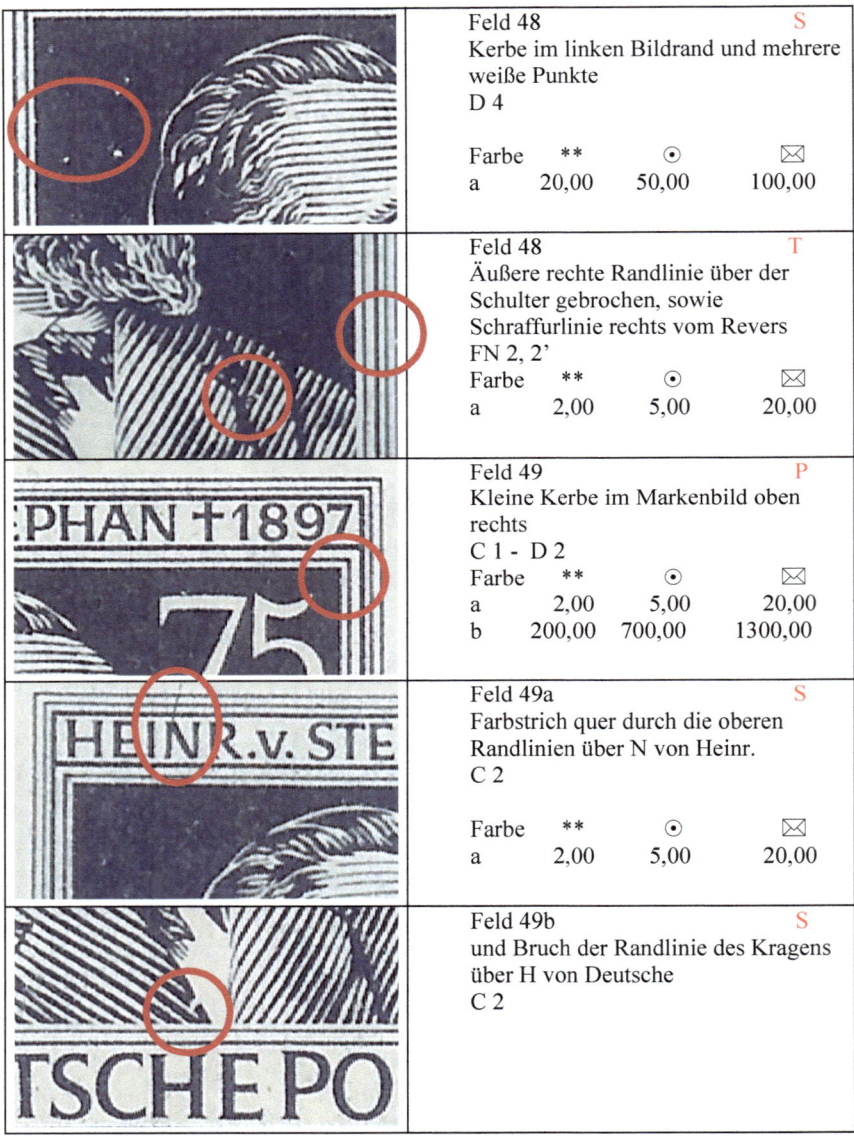

Feld 48	S
Kerbe im linken Bildrand und mehrere weiße Punkte	
D 4	

Farbe	**	⊙	✉
a	20,00	50,00	100,00

Feld 48	T
Äußere rechte Randlinie über der Schulter gebrochen, sowie Schraffurlinie rechts vom Revers	
FN 2, 2'	

Farbe	**	⊙	✉
a	2,00	5,00	20,00

Feld 49	P
Kleine Kerbe im Markenbild oben rechts	
C 1 - D 2	

Farbe	**	⊙	✉
a	2,00	5,00	20,00
b	200,00	700,00	1300,00

Feld 49a	S
Farbstrich quer durch die oberen Randlinien über N von Heinr.	
C 2	

Farbe	**	⊙	✉
a	2,00	5,00	20,00

Feld 49b	S
und Bruch der Randlinie des Kragens über H von Deutsche	
C 2	

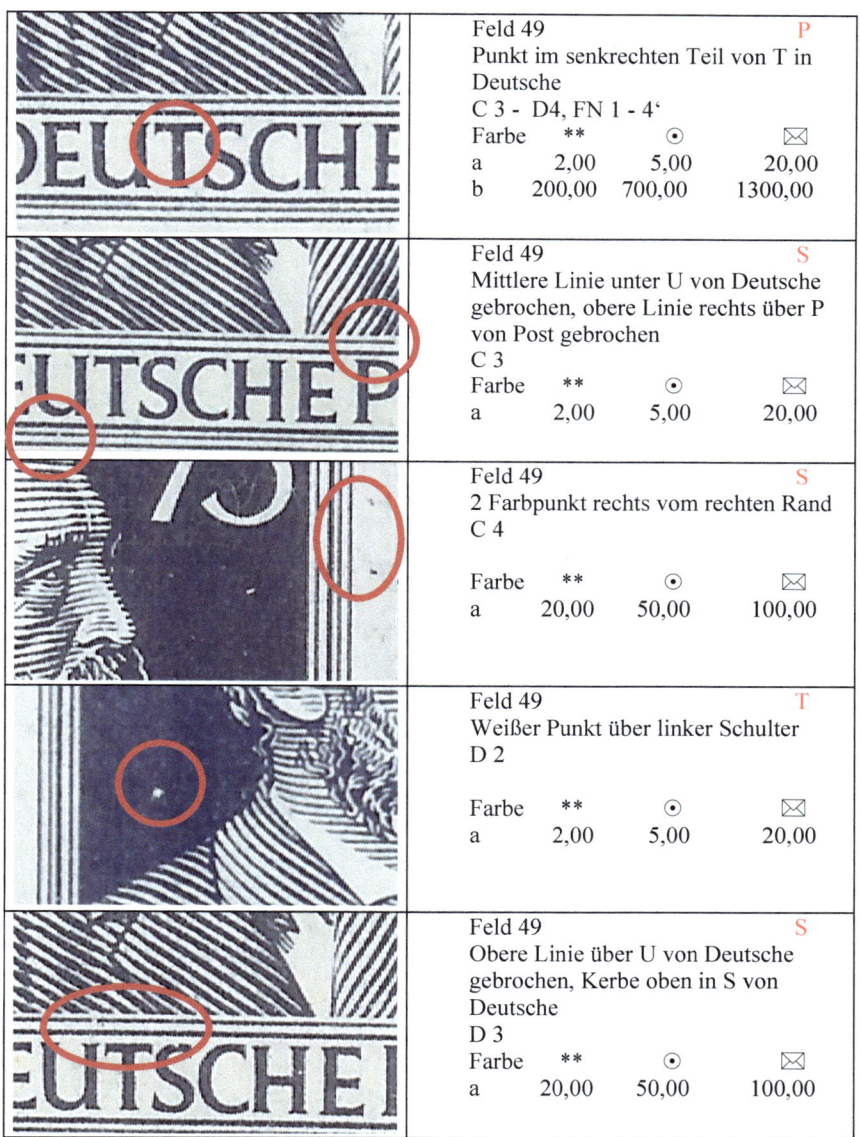

Feld 49 P Punkt im senkrechten Teil von T in Deutsche C 3 - D4, FN 1 - 4' Farbe ** ⊙ ✉ a 2,00 5,00 20,00 b 200,00 700,00 1300,00	
Feld 49 S Mittlere Linie unter U von Deutsche gebrochen, obere Linie rechts über P von Post gebrochen C 3 Farbe ** ⊙ ✉ a 2,00 5,00 20,00	
Feld 49 S 2 Farbpunkt rechts vom rechten Rand C 4 Farbe ** ⊙ ✉ a 20,00 50,00 100,00	
Feld 49 T Weißer Punkt über linker Schulter D 2 Farbe ** ⊙ ✉ a 2,00 5,00 20,00	
Feld 49 S Obere Linie über U von Deutsche gebrochen, Kerbe oben in S von Deutsche D 3 Farbe ** ⊙ ✉ a 20,00 50,00 100,00	

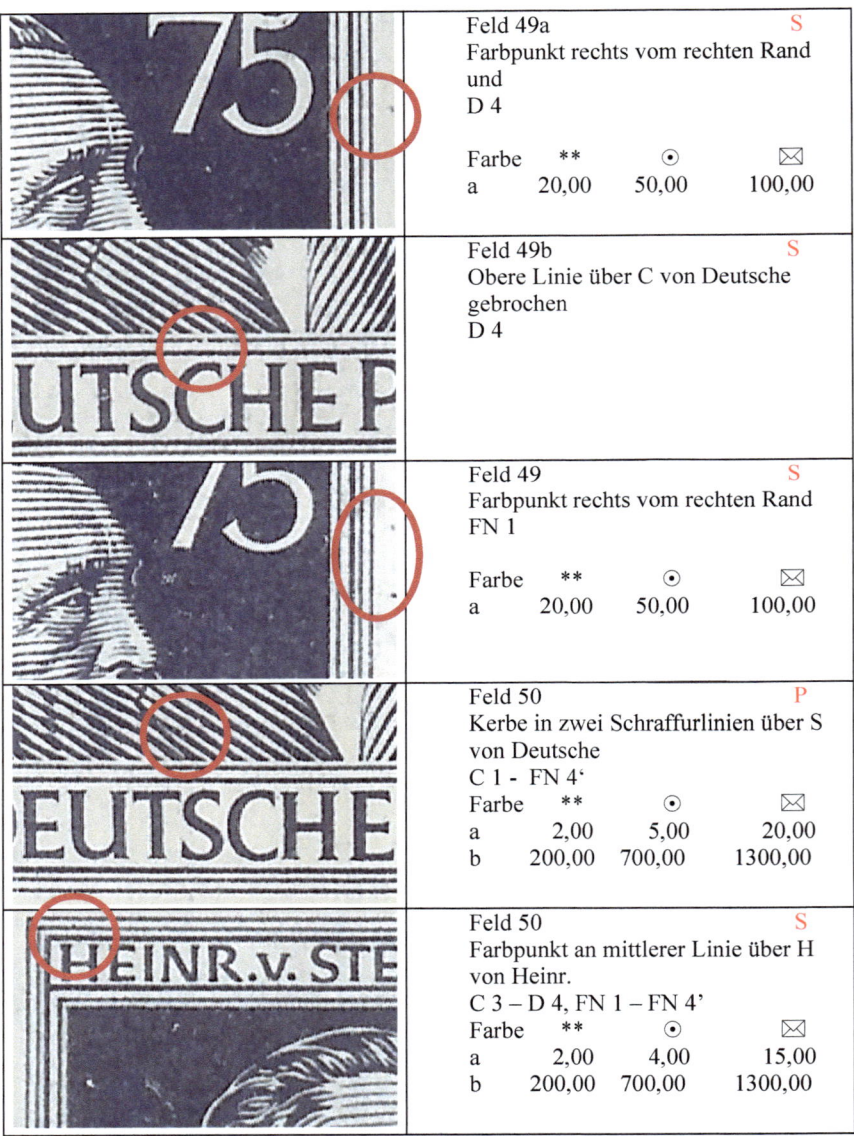

Feld 49a			S
Farbpunkt rechts vom rechten Rand und D 4			
Farbe	**	⊙	✉
a	20,00	50,00	100,00

Feld 49b			S
Obere Linie über C von Deutsche gebrochen D 4			

Feld 49			S
Farbpunkt rechts vom rechten Rand FN 1			
Farbe	**	⊙	✉
a	20,00	50,00	100,00

Feld 50			P
Kerbe in zwei Schraffurlinien über S von Deutsche C 1 - FN 4'			
Farbe	**	⊙	✉
a	2,00	5,00	20,00
b	200,00	700,00	1300,00

Feld 50			S
Farbpunkt an mittlerer Linie über H von Heinr. C 3 – D 4, FN 1 – FN 4'			
Farbe	**	⊙	✉
a	2,00	4,00	15,00
b	200,00	700,00	1300,00

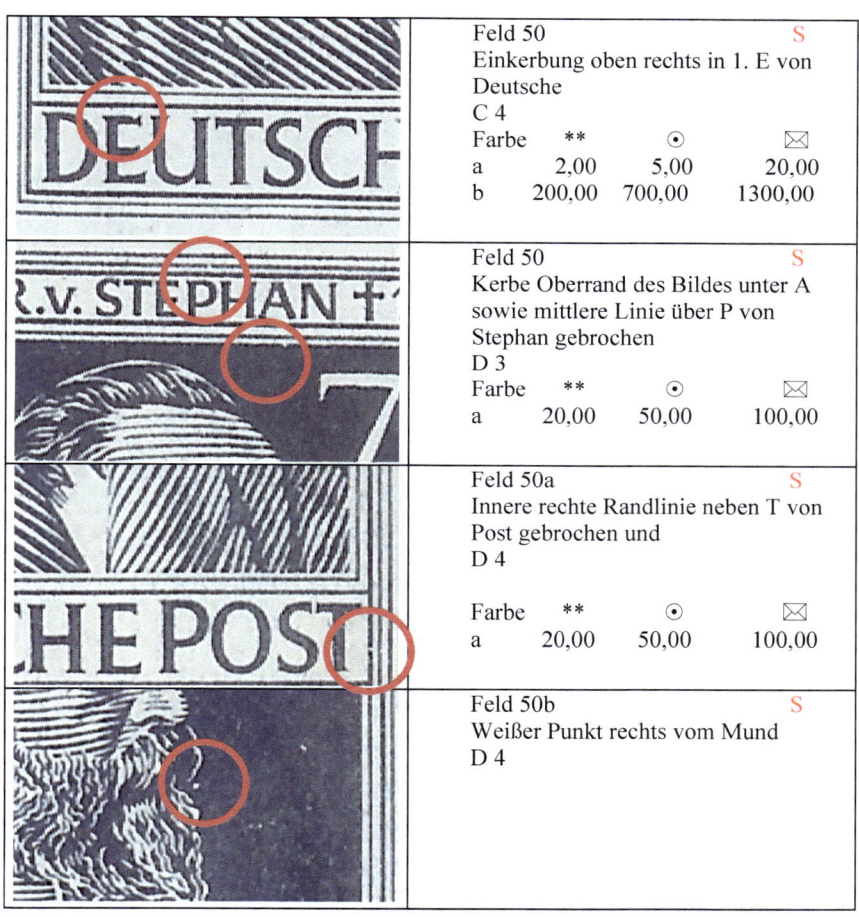

Feld 50 S Einkerbung oben rechts in 1. E von Deutsche C 4 Farbe ** ⊙ ✉ a 2,00 5,00 20,00 b 200,00 700,00 1300,00	
Feld 50 S Kerbe Oberrand des Bildes unter A sowie mittlere Linie über P von Stephan gebrochen D 3 Farbe ** ⊙ ✉ a 20,00 50,00 100,00	
Feld 50a S Innere rechte Randlinie neben T von Post gebrochen und D 4 Farbe ** ⊙ ✉ a 20,00 50,00 100,00	
Feld 50b S Weißer Punkt rechts vom Mund D 4	

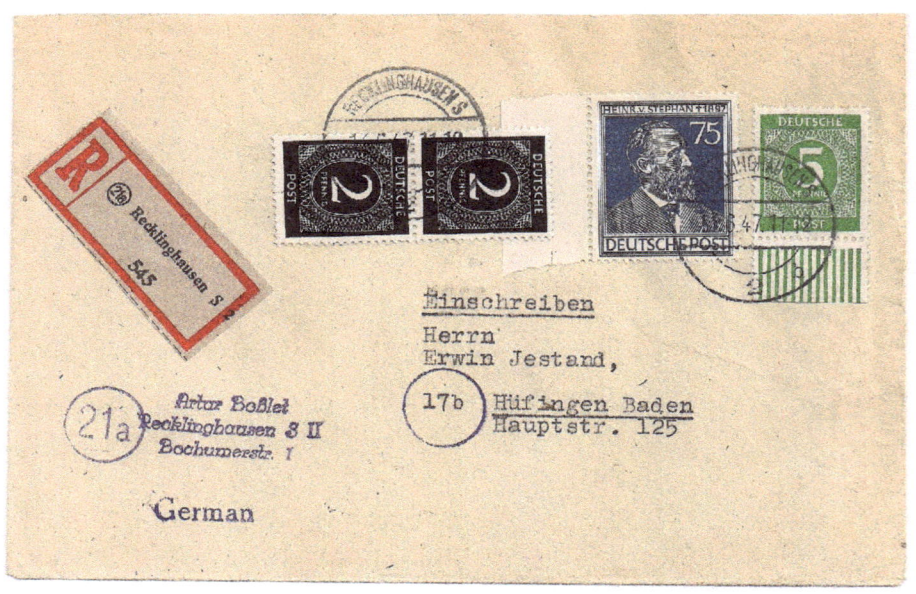

Einschreiben mit FN4 / F21/ S
Fuß von P von Post beschädigt

Ausschnitt

Einschreiben-Nachnahme mit D1/F21/ S,L 1 Pf. überfrankiert
Farbfleck rechts unten am Fuß des A von Stephan

Ausschnitt

Sonderblatt „Hamburg am Werk" mit 75 Pf. F5/FN2'/T
Gebrochenes R in Heinr.

 Ausschnitt

5   Bezirksstempel - Aufdrucke

Die Unterlagen weisen aus, dass in der sowjetischen Besatzungszone in folgenden Bezirken Heinr. v. Stephan Marken mit Aufdruck erschienen sind:

- 3   Magistratspost Berlin
- 14   OPD Dresden
- 16   OPD Erfurt
- 20   OPD Halle
- 36   OPD Potsdam
- 37   OPD Schwerin
- 41   Zwickau – ehemalige OPD Chemnitz

Hier ist noch viel Forschungsarbeit erforderlich, da bei den doch zahlreichen Fälschungen unbedingt die zurzeit laufenden Arbeiten im Archiv für Philatelie, Museum für Telekommunikation, Bonn erst mal abgeschlossen sein müssen.

Der Verfasser freut sich über Meldungen geprüfter Marken mit PF, aus denen man dann ersehen kann, welche Bogentypen in welchem Bezirk/Ort verwendet worden sind.

6   Literatur

J. Hohmann,   „ Die Plattenfehler Mi 963+964, Heinr. v. Stephan" (Teil 1) Rundbrief 1-1994, Arbeitsgemeinschaft (ARGE) „Alliierter Kontrollrat 1946-48 e.V., S. 43-53

J. Hohmann,   „Heinr. v. Stephan (Mi 963-964), Sekundär- und Tertiärmerkmale bei Bogen mit Formnummern" Rundbrief 2-1995, ARGE „Alliierter Kontrollrat 1946-48 e.V., S.260 – 276

J. Billion,   „Heinr. v. Stephan, Entdeckungen sind immer noch möglich!", Deutsche Briefmarken – Revue Nr. 10/1.10.1998

H. Zerbel,   Bundesdruckerei Berlin, persönliche Mitteilungen

A. Ostermann,   „Heinr. v. Stephan Mi 963/964, Teil 1: Allgemeines und Merkmale Mi 963", Rundbrief 2-2005, ARGE Alliierter Kontrollrat 1946-48 e.V.

A. Ostermann,   „Heinr. v. Stephan Mi 963/964 Nachtrag zu Teil 1", Rundbrief 1 – 2006, ARGE Alliierter Kontrollrat e.V., S. 1561 - 1567

A. Ostermann,   „Heinr. v. Stephan Mi 964 – 2 neue Plattenfehler", Rundbrief 1 – 2007, ARGE Alliierter Kontrollrat 1946-48 e.V., S. 1682-1683

A. Ostermann,   „Ein wichtiger Zwischenschritt zur systema - tischen Auswertung der Mi 964 ist getan.", Rundbrief 1-2008, ARGE Alliierter Kontrollrat 1946-48 e.V. , S. 1819-1820

H.D. Pfetzing   persönliche Mitteilungen